U0058013

善用重理解的課程設計法

Making the Most of Understanding by Design

John L. Brown　著

賴麗珍　譯

Making the Most of
Understanding
by Design

John L. Brown

　　John L. Brown 是美國教育視導與課程發展協會（ASCD）的
教育顧問，其職責是發展 ASCD 出版品和推動教師專業發展課程，
同時也擔任「重理解的課程設計」（Understanding by Design,
UbD）和「有效的學校教育策略」（What Works in Schools）之全
國訓練推動小組成員。他曾做過馬里蘭州喬治王子郡公立學校系
統的「教師發展暨課程發展中心」主任，同時也兼任大學與高中
磁性課程（Magnet Program）的視導員。此外，他在資優教育和英
語文教育方面也有專業經驗。

　　Brown 的著作甚豐，包括《學習層面在學校和課堂的應用》
（*Observing Dimensions of Learning in Classrooms and Schools,*
1995），以及與 Cerylle A. Moffett 合著的《英雄的旅程：教師如
何轉變學校、如何改進學生學習》（*The Hero's Journey: How Edu-
cators Can Transform Schools and Improve Learning,* 1999）等 ASCD
出版品。他為 ASCD 編寫過五門專業發展線上課程，包括三部分
系列之「重理解的課程設計」。Brown 從喬治梅生大學獲得博士
學位，自威斯康辛大學麥迪遜校區取得學士和碩士學位。其電子
郵件信箱是 jbrown@ascd.org

譯者簡介

　　賴麗珍，美國威斯康辛大學麥迪遜校區教育博士，主修成人暨繼續教育，曾任職於台北市教育局、台灣師範大學圖書館（組員）及輔仁大學師資培育中心（副教授）。研究興趣為學習與教學、教師發展及創造力應用。譯有《教師評鑑方法》、《教學生做摘要》、《有效的班級經營》、《班級經營實用手冊》、《增進學生的學習動機》、《創意思考教學的 100 個點子》、《思考技能教學的 100 個點子》、《重理解的課程設計》、《重理解的課程設計——專業發展實用手冊》、《善用重理解的課程設計法》（心理出版社出版）。

代序

　　「重理解的課程設計」（UbD）代表了一套課程發展方法，其目的在深化學生對課程內容的理解。這套方法沒有「範圍和順序」的明確技巧，也不提供處方式教學活動。因此，找出 UbD 在學生成就方面有直接效能的證據，變成了一項挑戰。儘管如此，UbD 的應用增加之後，需要有實證的資料來指引使用者和記錄其效用。

　　《善用重理解的課程設計法》一書開啓了這場有必要的研究之旅。John L. Brown 從廣泛的調查資料取材編輯，對於 UbD 使用者的經驗有精采的描述。研究結果反映了來自多重觀點的「習得經驗」，包括教師、學校本位行政人員、學區層級視導人員、教師培訓者、地區服務機構人員，以及高等教育機構人員之觀點。問卷調查及後續的電話訪談結果，也說明得很詳細，並以許多圖表補充之。然而，本書提供的不只是完整的資料說明，更綜合了資料背後的基本模式，以引導使用者找出最有效的策略、留意應避免的可能缺失，以及提出未來的研究問題。

　　雖然實施 UbD 的方法不限一種，Brown 的研究卻揭露了某些行動已證明比其他的行動更紮實。本書提供的洞見，能使應用「重理解的課程設計」之新手和老手都受益。

Jay McTighe

Grant Wiggins

自序

　　在開創新局的《第五項修練：學習型組織的藝術與實務》
（*The Fifth Discipline: The Art and Practice of the Learning Organiz-
ation,* 1990）一書中，Peter M. Senge 將「學習型組織」的特徵描
述為能證明「心靈的轉變」（metanoia）的組織之一，意指其自我
反思和自我檢視的能力，能夠導致相關利害關係人的持續學習，
然後造成組織的持續改進。以組織效能分析為根據，而持續致力
於自我評鑑和自我修正，學習型組織的成員會順利發現 Senge
（1990, p. 114）所稱的「槓桿點」（points of leverage）──組織
所強調的領域會產生最顯著、最積極的結果。

　　理想上，學校和學區都應該落實 Senge 的學習型組織理念。
因應社會大眾更加要求嚴謹的課程標準、績效責任本位的評量，
以及所有學生達到高成就水準，教師目前正自覺地或不自覺地不
斷尋求能改進其教學實施和能發展心靈的轉變的模式、系統方法、
範例。本書提供了一張地圖，以利教師、家長、社區人士都可以
用來檢視這類系統方法在持續改進方面的涵義，這套方法就是由
Grant Wiggins 和 Jay McTighe 所發展的「重理解的課程設計」。

　　本書引用的資料來自於 UbD 推動小組所建構的研究，該小組
是由一群在美國和加拿大各地區與 Wiggins 和 McTighe 密切合作
的教師所組成，以確保與「重理解的課程設計」相關之專業發展、
策略式計畫、出版等，在各方面都有良好的品質控制。推動小組
的成員等於是 ASCD 認證的訓練專家，他們在課程、評量、教學，
以及行政方面都有豐富的經驗，不只代表了範圍廣泛的專業領域
及責任（從小學、初中、高中，到主管機關和大學等領域），也

代表了幾個不同的地區。推動小組的成員會定期與 Wiggins、McTighe 開會，以檢討及分享訓練的技術和策略、對 UbD 相關的新出版品之初稿給予批評、對這套方法的未來走向提出建議，以及找出應用 UbD 之示範教師、示範學校、示範學區。

正文部分綜合了研究參與者的經驗和建議，這些參與者是已使用 UbD 多年的各領域教師。利用蒐集自問卷調查、訪談，以及焦點團體會議之資料，本書探究高階使用者對於下列事項之建議：

1. UbD 系統方法所述的具體設計原則和策略，在提升學生學習成就、教師表現，以及組織的產能方面，最可能成為施力點。
2. 針對評鑑及改進標準的建構、課程發展、學習評量、教學、教師專業發展，以及學校改進計畫等方面，長期利用 UbD 所帶來的涵義。
3. 伴隨組織改變和教育環境更新過程中出現的必然問題及缺失，以及因應這些難題之建議。
4. 提出建議，幫助學校及學區將 UbD 應用到教學單元的發展以外，進而實質上用於學習型組織的各方面。

ix

筆者認為，本書的價值來自被訪談者的個人豐富經驗和背景，他們很真實地代表了教育專業的縮影。你將會聽到在課堂上有效實施 UbD 的教師之心聲；你將會了解與教師協同合作的行政人員，如何推動 UbD 以作為學校改進計畫的一部分；你將會知道，對於跨機構合作有豐富經驗的副學區學監及視導員之類的學區領導人、UbD 推動小組成員，以及大學教授，如何利用 UbD 作為教師職前培育和教師導入計畫的工具。

總言之，本書旨在幫助讀者，在自己的學習型組織之中評鑑兩個主要的發展程度：(1)以 UbD 催化學校及學區更新和轉換的策

略、程序、建議；以及(2)先從UbD「高階使用者」的經驗擷取「大概念」和「持久的理解」，然後將其用於不斷改進學習型組織的過程。

　　今日的教育領域是複雜的、有挑戰性的競技場，正經歷著深遠的變動和轉換。筆者期盼這項研究，對於讀者以個別方式和協同方式努力不斷改進所屬的學習型組織，能有顯著的貢獻。筆者也希望以本書向 UbD 作者 Grant Wiggins 和 Jay McTighe 致敬，因為他們對教育界做出了卓越的貢獻。

John L. Brown
UbD 推動小組成員

目錄 CONTENTS

（正文頁邊數字係原文書頁碼，供索引檢索之用）

圖表目次 CONTENTS

導論

● 主要問題 ●

1. 在期望提高但資源減少的時代，UbD 如何幫助教師處理其面對的績效責任問題？
2. 從長期應用 UbD，我們學到什麼經驗？
3. 在發展單元課程之外，UbD 如何改善學習型組織的文化和效能？

對許多教師而言，新千禧年是個期望提高而資源減少的時代。我們活在講求高利害績效責任的年代，在今日，要求實質確認教育革新價值的呼聲提高，有時甚至變成震耳欲聾的咆哮。聯邦政府和州政府正經歷著同步發生的餘震衝擊，一方面預算赤字增加，另一方面以科學方式確認特定教育計畫及策略之價值的要求擴大。如果要維持教育計畫並加以制度化，我們必須證明其效益。

本書探究這項有效的教育革新——UbD，以及吾人對其實施、對其成效、對其可能未來應用之了解。在本書中擷取其心聲和經驗的教師、行政人員、全國的訓練師，以及大學教授等，都是多年來密切實施 UbD 的高階應用者。他們被 Grant Wiggins、Jay McTighe，以及其他的 UbD 推動小組成員認定是成功的實務工作者，然後才請他們透過一系列問卷調查提供對於 UbD 系統方法的回饋意見。一對一訪談和焦點團體會議之結果，增強了最初得到的資料模式和結論。這些高階使用者的分析和洞見開啟了 UbD 的

長期評鑑過程，同時也肯定了 UbD 在學生、教師表現，以及組織表現方面的成效。

透過其參與研究而擷取到的這些高階使用者之經驗，提供了兩個令人好奇的有用透鏡，可用來檢視這套課程設計的系統方法。首先，我們從重理解的教學所學到的經驗，強調如何最有效地使所有學生都能通過高利害績效責任測驗。其次，雖然 UbD 迄今強調的是發展單元課程，但 UbD 的高階使用者一致肯定其在改進學校一般績效上的能力。他們認為 UbD 超越了原先課程設計工具的功能，可進一步作為促進組織變革、學校革新、策略式計畫，以及持續改進的催化劑。

本書的實用摘要取自高階使用者的洞見和建議，以幫助讀者在所屬的學習型組織中充分利用 UbD 系統方法。這些摘要對以下兩類基本對象特別有用：(1)已經在應用 UbD 的教師，但他們在改善學生的、教師的，以及組織的成就方面需要支持，俾利擴充並維持其努力；以及(2)開始應用 UbD 的個人或團體，而且能從有經驗的使用者所設計的教案獲益。總言之，本書對 UbD 的第一個五年實施經驗提供了現況報告，並且綜合與下列核心議題有關的新生主題、問題或建議：

3

1. 初步的訓練經驗和建議，包括與 UbD 有關的教師專業發展範例計畫的模式和強調重點。

2. 後續實施策略，強調發展 UbD「學習社群」的策略。

3. 在課程設計和設計方法方面的涵義，包括能整合 UbD 的系統化課程革新計畫之舉例。

4. 可能的評量程序，例如，在與學區的、州的標準有關的測驗和高利害績效責任測驗方面，利用 UbD 來提升學生的成就。

5. 能促進學生理解的教學策略，包括從針對特殊群體的因材施教〔資優教育、特殊教育、英語為第二外語（ESL）的教

學、社經不利地位學生的教學〕所得到的經驗。

6. 擴充 UbD 的應用，將其作為建立團隊、策略式計畫，以及組織發展的催化劑。

7. 探討 UbD 在師資培育方面的涵義，包括 UbD 在大學校院的應用和教師導入計畫的應用。

8. 關於 UbD 未來發展的想法，包括高階使用者對其修訂、擴增，以及強化等所提出的建議。

除了以主要問題作為每一章的開始之外，本書對於 UbD 的探討圍繞著下列問題：

1. 為什麼學校和學區應該考慮採用 UbD 系統方法的目標和課程設計原則？

2. 成功的實務工作者如何學習利用 UbD，以使學生成就、課程、教學、評量、教師發展，以及組織變革有所改進？

3. 這些實務工作者如何因應 UbD 變革過程中無可避免會出現的問題和議題？

4. 如何利用 UbD 的原則建立活躍的學習社群？

5. 對於剛開始使用 UbD 的教師而言，來自於成功的高階使用者的最實用建議是什麼——包括對所有實施階段之建議？

以下快速概覽各章內容。

4

第一章〈實施 UbD：經驗摘要〉，回顧了 UbD 系統方法的發展歷史和設計要素。對新手而言，本章綜合了關鍵的設計原則和策略，以及 UbD 的研究基礎。對新使用者和有經驗的使用者而言，第一章對於參與本研究的大多數有經驗使用者之所得經驗、引述的問題，以及提出的建議，做了概括式摘要。此章探討高階使用者提到的重複想法和主要問題，也討論他們所提出的建議，而這些建議都以實務工作者自己的話語來呈現。本章結尾列出本書九份組織評鑑問卷的第一份，這些問卷都很適合作為學校改進計畫和策略式計畫的部分工具。

　　第二章〈設計及發展學校的、學區的課程〉，探討學校和學區如何將 UbD 系統方法整合到課程的設計、發展、實施。本章對於維持 UbD 傳統的單元設計焦點提供實用的建議，但也將其作用擴大到處理課程管理的各部分。第二章的結尾提出一套建議的準則，課程發展者可用於以 UbD 的原則和策略來稽查和修訂其課程。

5　　　第三章〈提升學生成就與落實州及學區的課程標準〉，正視在教育評量和績效責任方面的常見議題，例如，UbD 如何用於改進學生在標準化測驗及相關評量上的表現？學校教師如何應用 UbD 的原則和策略來幫助所有學生成功學習，尤其是那些屬於特殊群體的學生，比如資優生、特教學生、ESL 學生、社經地位不利的學生？也許最重要的是，本章綜合了高階使用者對於因材施教的反省，以及 UbD 如何有助於監控及調整教學，以適應個別學生的長處和需要。

　　第四章〈提升學生的理解〉，檢視了 UbD 系統方法的教學應用，強調成功的實務工作者如何內化階段三 WHERETO 範例（見第一章，17 頁）所隱含的策略和程序。利用來自成功的教師、行政人員，以及教師發展訓練師的回饋和舉例，本章描述了 UbD 的原則如何能夠轉換班級教學。此章提供了關於因材施教的建議，例如，如何在課堂教學方面應用持續改進的過程？如何評估個別學生的長處和需要，然後在整個標準驅動的（standards-driven）單課教學、單元教學、學科教學，以及課程的實施過程中，都納入這些因素？

　　第五章〈推動示範的專業發展課程及實務〉，探討 UbD 系統方法和有效的教師發展課程及計畫之間的關係。此章強調，與有效實施 UbD 有關的最佳訓練及專業發展方法的高階使用者有哪些發現。本章一開始先簡要討論成人學習者的特定需求，然後摘要說明，教師訓練的缺失和問題來自於無法順應學習者對有意義的、

眞實的經驗之渴望，而這些經驗連結到他們曾表達過的需求。接下來，本章探究與當代變革理論有關的這類概念和程序，包括協同合作的文化，以及將持續改進的概念作爲設計有效的專業發展活動之準則。此章結尾摘要敘述，UbD 目前的電子資源可如何補充學區本位的和學校本位的教師專業發展活動。

第六章〈改進職前培育和教師導入計畫〉，檢視如何針對使所有學生成功學習——尤其在學生類型多樣化的情況下，將師資職前教育工作做到最好。學校及學區正面臨著雙刃劍：一方面，必須更新大量的退休教師；另一方面，因應更遠大的標準而必須要求更嚴苛的績效責任制和提升學生成就。本章探討 UbD 在幾種職前教育情境下的角色，包括大學校院的師資培育課程和教師專業發展的跨機構夥伴關係。第六章也描述了不同學校系統的有效教師導入計畫，其重點強調持續的監控和專業發展活動如何增進新教師的留任率和效能。

第七章〈促進：組織發展、持續改進、策略計畫〉，將 UbD 的研究延伸到改善組織文化、相關策略式計畫，以及持續改進之程序等方面，每個學區都有針對學校改進計畫而訂的準則，但是，這些程序往往以由上而下的委員會指定計畫爲特徵，而利害關係人對其屢屢視若無睹或有所誤解。因此，第七章檢視 UbD 對於有效的團隊建立、協同合作的文化，以及透過組織發展使機構重新設定規範等方面之涵義。此章摘要了有經驗的使用者對於塑造眞實的學習型組織之建議，在該類型組織中，所有的利害關係人都參與組織改革及更新的過程。

本書末尾的第八章〈對 UbD 之展望〉，探究高階使用者對於二十一世紀教育相關的熱門議題、難題，以及未來趨勢之看法。此章研究 UbD 和新興趨勢、新興主題之關係，例如：(1)旨在消除學業成就落差以確保每個學生都成功的聯邦測驗、州測驗和績效責任推動計畫；(2)焦點領域的需求持續增加，比如改善課程、評

量、教學、教師專業發展、利害關係人的參與，向家長及社區推
廣等；以及(3)建立 UbD 系統方法和其他的全國教育革新方法之間
的連結，例如，Robert J. Marzano 的「有效的學校教育策略」
（What Works in Schools）和因材施教──如 Carol Ann Tomlinson
在《因材施教的課堂教學：回應所有學生的需求》（*The Differen-
tiated Classroom: Responding to the Needs of All Learners,* 1999）一
書所做的闡述。本書結尾列出高階使用者的一系列願景說，這是
他們根據其經驗和洞見在討論 UbD 的未來時所提到的。

當讀者開始閱讀本書之前，請思考下列兩件參考資料。表 0-1
摘要了參與本研究的高階使用者最常引用的大概念，其內容強化
了 UbD 系統方法背後的普遍主題，以及大多數高階使用者曾經歷
過的常見缺失和限制。表 0-2 將這些大概念轉譯成有經驗的實務工
作者所建議的主要問題，這些問題在其使用 UbD 系統方法時是最
重要的。理想上，大概念和主要問題有助於探討及理解 UbD，然
後幫助你在學習型組織之中充分應用這套系統方法。

8

表 0-1　UbD 最常被引用的大概念

1. UbD 既是一套以研究為根據的最佳實務方法，也是一套能
   統一教師工作的用語，以促進學生的高水準成就和高度理
   解。這套方法不應該被視為「多一套要做的計畫」來介紹
   給教師，因為大多數教師已經覺得績效責任及其相關計畫
   的負荷過重。

2. UbD 的基本價值在於其能使教師找出核心概念和問題的能
   力，這些概念和問題構成學科內容或學門的基礎架構。事
   實上，UbD 促進了關於哪些是課程主要內容的對話討論。

3. 基本的概念和問題所構成的焦點提供了一套工具，使教師
   可以處理時間限制的課題。透過對於哪些是所有學生必須

表 0-1　UbD 最常被引用的大概念（續）

知道和必須理解的事項建立共識，教師能找出提升所有學生理解的簡潔課程，但仍然確保有足夠的時間進行深度探究、進行發問、進行概念探索。

4. UbD 要求其使用確實理解其用來設計課程的內容，對許多使用者而言，UbD 能導致就學科和課程的目的及其普遍應用所產生的專業對話和洞見。

5. 逆向設計法的程序提供了一套原則，這套原則能強化教師對績效責任標準的分析。藉由一開始就考慮到目標，教師可以協同決定，當學生理解課程內容和達到實作表現的標準時，哪些是學生應該知道、應該表現，以及應該理解的事項。

6. 在講求高利害績效責任測驗的年代，UbD 針對擴充可選擇的評量策略以涵蓋實作本位的評量和學生的反省，提供了有用的理由依據。UbD 的工具及程序支持以「照片集式」方法來監控學生的進步，而不是只根據測驗來做「快照式」的評量。

7. UbD 強化教師整合評量和教學的能力，進而導致真正的因材施教，以適應每個學生的獨特長處和需求。理想上，階段二、三應該無縫式地緊密銜接，其中，教師在因應學生發展中的長處和需求而修正教學時，也應該不斷監控學生的成就。

8. 實務工作者尋求量化的資料以確認 UbD 的價值，以縱貫式評鑑的研究來決定 UbD 在學生成就、教師績效，以及組織產能方面的實施成效，必須成為未來的主要優先事項。

9. UbD 可以也應該超越單元發展的範圍。對許多學區而言，

表 0-1 UbD 最常被引用的大概念（續）

下一個合理的階段應該是，為了更廣的系統化課程設計、課程發展、課程實施，而擴充 UbD 的應用。在研究參與者的單元設計成為學區課程範例之前，這些單元教案仍然是從組織情境脈絡中分離的個別產物。

10. 截至目前，UbD 的幾個關鍵部分不是被忽視就是不被看重，因此，下列事項值得更加注意：

(1)有必要在高度使用 UbD 的學校和學區，建立綜合學生學業成就資料的全國資料庫，這類資料庫可作為一系列課程評鑑研究的基礎，以判斷 UbD 系統方法的成效。

(2)有必要在 UbD 與特殊教育之間建立更多的連結，包括資優教育、特殊教育、ESL，以及社經地位不利兒童的教育。

(3)有必要闡明UbD和其他廣泛實施的教師專業發展計畫、學校改進計畫之間的關係。這些計畫包括 Tomlinson（1999）所闡述的因材施教、Marzano（2003）所闡述之「有效的學校教育策略」、持續改進和策略式計畫，以及實作評量。

(4)有必要調節 UbD 和高利害績效責任測驗之間的連結，包括幫助教師修正關於測驗準備的錯誤觀念。

(5)有必要增加行政人員對UbD的參與，例如，表揚把UbD成功納入組織文化和教學領導的學校和學區。另外，也需要注意連結到持續改進的最佳策略之其他模式和實例。

(6)有必要邁向利用電子科技創造關於 UbD 之全國的、國際的學習社群。目前，教師致力於透過 UbD 交流網（UbD Exchange），取得並整合發展中的教案架構和可得資源。此外，也有必要採取更整合的、更整體的方

10

表 0-1　UbD 最常被引用的大概念 （續）

式，來推廣應用以 UbD 為焦點的錄影帶、以 UbD 為焦點的線上課程，以及以交流為本的範例單元。

(7)有必要對於UbD而非一次式的訓練課程，進行持續的、長期的協同探究。

(8)有必要在大學校院和學區之間建立更為跨機構的夥伴關係，這些機構負責將 UbD 整合成師資培育和教師專業發展課程。雖然利用 UbD 系統方法的師資培育機構數量漸增，但是認為 UbD 應該保留給更資深教師的看法仍揮之不去。

表 0-2　UbD 最常被問到的主要問題

1. 如何克服教師的焦慮和緊張，這些焦慮和緊張與 UbD 要求的心向改變和應用策略有關？

2. 如何擴展取得 UbD 單元及其課程產品的模式、基準，以及範例之能力？

3. 如何超越 UbD 實施過程的最初訓練階段，以利使 UbD 成為組織文化及運作策略的平常部分？

4. 如何澄清下列錯誤觀念：UbD 只適用於最優秀的、最聰明的人，不適合所有的教師和學生？

5. 如何應用我們的 UbD 經驗，轉化教師對於標準化測驗的態度和看法，並且改變「填鴨式練習」（drill-and-kill）的過時教學觀念和測驗準備觀念？

6. 在維持 UbD 的有效實施方面（如：時間、教材、課程發展），如何確保所需的資源長期可得？

7. 如何將 UbD 整合到致力於持續的改進及策略式計畫？

表 0-2　UbD 最常被問到的主要問題 （續）

8. 如何幫助教師在應用與 UbD 逆向設計各階段有關的原則和策略時，能超越單元設計而邁進到單元的實施？

9. 如何透過行政人員和教師領袖的教學領導——他們示範 UbD、具備 UbD 方法，使所有教師都致力於 UbD？

10. 如何確保 UbD 對所有學生的教學而言，是明確而平常的部分，包括對各年級的一般學生、對接受特殊教育的學生、對接受 ESL 教學的學生，以及對社經地位不利的學生？

實施 UbD：經驗摘要

● 主要問題 ●

1. UbD 如何提供一套系統方法和一套用語，來幫助教師提升所有學生的理解？
2. 自從初版發行之後，UbD 如何演變？哪些是與其演變有關的主要改變和趨向？
3. 在多大程度上，教師可以從有效實施 UbD 摘要習得經驗，然後將這些經驗應用到策略式計畫和持續改進的過程？

　　UbD 為有興趣提升學生理解而非增進公式化知識或其記憶的教師，提供了共同的用語。同時，它也提供了一套系統方法，以及一套以研究為本的最佳策略工具，這些方法和工具業經證明能幫助教師提升理解為本的學生學習結果，能擴大教師用來監控學生學業成就的評量工具及程序之範圍，以及能增進教師的教學活動設計以提升學生的學業成就水準。

　　本章摘要了從有效實施 UbD 所獲得的經驗，這些經驗得自於使用這套方法超過兩年以上的教師之反省。參與本研究的高階使用者完成一份線上的調查問卷（見本章末尾的表 1-1）、坐下來進行一對一訪談，以及參加焦點團體之會議。該研究要求他們回答八個關鍵的 UbD 成效問題：

　　1. 課程的設計、發展、實施。
　　2. 評量及評鑑學生的表現。

3. 重理解的教學，例如，運用因材施教以因應所有學生的需求。

4. 教師專業發展方面的示範策略，包括 UbD 的原則如何連結到成人學習者的需求。

5. 組織發展、策略式計畫，以及持續改進的過程。

6. 與新手教師的導入及教師專業發展各層面有關的跨機構夥伴關係。

7. UbD「電子化學習社群」，包括研究參與者對 UbD 交流網、ASCD 之 UbD 錄影帶系列，以及新興的教師專業發展線上課程等資源之反應。

8. 分享對新千禧年的教育願景，以作爲使用UbD的延伸經驗。

一、概述 UbD：發展簡史及關鍵設計原則摘要

14

UbD 是 Grant Wiggins 和 Jay McTighe 的創作，他們在課程、評量，以及重理解的教學等領域，是享譽國際的專家。就推動「使所有學生都理解」的理想而言，Wiggins 有資深經驗，尤其是在應用逆向設計模式的情境下推動。除了以課程標準、評量，以及課程更新爲題的得獎出版品之外，Wiggins 也以課程主要問題及稽查的專長享譽，這是他在菁英教育學校聯盟（Coalition of Essential Schools）與 Theodore Sizer 合作的部分專職工作成果。

McTighe 因爲和 Robert J. Marzano、Debra Pickering 合寫 ASCD的出版品《使用學習層面模式評量學生學業表現》（*Assessing Student Performance Using Dimensions of Learning*, 1991）一書，而獲得全國的知名度。該書的成功，強化了 McTighe 在革新學校評量實務方面的新興領導地位。

　　Wiggins 和 McTighe 在全國和國際領域都有廣泛的合作，於 McTighe 擔任馬里蘭州評量協會（Maryland Assessment Consortium）的主任一職時也是一樣。他們分享創造一套系統方法的願景，這套方法能綜合關於提升所有學生學業成就至高水準的最佳知識，而其想法的具體化，見一九九八年初版發行之《重理解的課程設計》（*Understanding by Design*）一書。本書之後接著出版一系列的補充資源，包括《重理解的課程設計手冊》（*The Understanding by Design Handbook,* McTighe & Wiggins, 1999）和《重理解的課程設計——專業發展實用手冊》（*The Understanding by Design Professional Workbook,* McTighe & Wiggins, 2004）；一套綜合的錄影帶資源及訓練教材；以及 UbD 交流網。這個國際的電子資料庫被用來摘要 UbD 原則、策略，以及實務工作者創作的單元設計教案。

　　Wiggins 和 McTighe 強調，UbD 是一套系統方法，而不是教育課程。在這套方法中，他們試圖綜合最佳的策略和受研究驅動的課程設計原則，這些原則和重理解的教學及評量有關。雖然既複雜又有挑戰性，但他們的著作係對有下列認識的教師而論述，那就是：從經驗或從直覺可知，以傳統「填鴨式」的看法為焦點之分散式、細節式的教學，學生注定產生很少的真實學習或深度的概念理解——如果有任何學習結果的話。曾經充分應用過 Wiggins 和 McTighe 的系統方法之教師，幾乎普遍知道兩位學者提出的下列合理建議：⑴解讀課程標準；⑵強調學生的理解，而不只是要求公式化的回想；⑶擴充評量工具及策略，以產生照片集式的評量結果而非快照式的結果；以及⑷納入目前重理解的教學（包括因材施教）之研究所發現的最佳策略，以滿足所有學生的需求。

　　在探討高階使用者和經驗豐富的實務工作者應用 UbD 的經驗時，我們必須謹記 Wiggins 和 McTighe 其系統方法的十項課程設計主要原則：

15

1. 研究結果顯示，學生傾向積極學習而非消極學習。教師在設計及實施教學活動時，應該考慮到下列大概念：

   (1)當學生透過經驗本位的學習活動來積極建構意義時，其學習成效最佳。

   (2)學生的文化、經驗、先備知識（如：認知基模）會形塑所有新的學習經驗。

   (3)學習依賴三種主要的大腦功能：在學習時會本能地尋求意義和目的；認知和情緒之間有不斷的連結，包括在受到威脅時會慢慢進入較低層次的大腦功能及結構；以及在天性上，人傾向發現學習環境中的模式，以及從整體而非部分開始學習。

   (4)學習深受情境影響。學生不會自動把學習應用到及遷移到新的情境脈絡，教師必須幫助學生搭好知識和技能的鷹架；教師必須透過幫助學生從模仿邁向引導的練習，然後邁向獨立的應用，來設計學習遷移的策略。

   (5)學生知道某些事物或能做出某些表現，不保證其真的理解。

   (6)當學生所學課程是以深度探究和獨立應用的經驗來替代只是涵蓋內容時，其學習成效最佳。

   (7)學生會從提示其探究大概念、探究持久的理解，以及探究主要問題的課程獲益。

2. 重深度思考的教學強調，學生能有意義地獨立應用主要的陳述性知識（事實、概念、通則、規則、原理、定律）和程序性知識（技能、步驟、過程）。當學生能透過一個以上的下列理解層面來表達學習結果時，即可證明其真正理解：

   (1)說明：利用證據來證明、推論、描述、設計、證實合理，或證明某事的能力。

   (2)詮釋：從所學知識創造新事物，例如批評、提出類比和

隱喻、做出推論、建構意義、翻譯、預測，以及假設的能力。

(3)應用：將所學知識用於新的、獨特的，或者不可預測的情境脈絡之能力，包括建構、創作、發明、實作、生產、解決，以及測試的能力。

(4)觀點：對相同事件、相同主題或相同情境的相對看法，做出分析和結論的能力。

(5)同理心：設身處地為他人著想的能力，包括參與角色扮演、描述他人的情緒，以及分析和辯護他人反應的能力。

(6)自我認識：自我檢視、自我反省、自我評價，以及表達反省後之洞見的能力，尤其是監控及修正自己對資訊和事件的理解能力。

17

3. 重理解的教學，其核心基礎是編製由共識所驅動的課程。這類課程明確區分哪些知識只值得熟悉，哪些知識則是所有學生都應該知道、都有能力表現，以及都理解的。

4. 最佳的教學設計是逆向的，亦即，設計過程從期望的結果開始，而不是從教學活動開始。UbD 的逆向設計程序包括下列三個相關的階段：

(1)階段一：確認期望的學習結果（例如持久的理解、主要問題、有用的知識目標等）。

(2)階段二：決定可接受的學習結果，以利評量學生達成期望結果的程度。

(3)階段三：設計學習活動，以促使所有學生精熟期望的結果，以及隨後通過指定的評量任務。

5. 當概念可以轉換成課程核心的持久理解和主要問題之線索時，學生就能深度理解概念。持久的理解是指闡述清晰的大概念，這些概念的持續價值超越了課堂教學，而學生可以終身重溫這些概念。主要問題是大的、答案開放的詮釋

型問題，而且沒有明顯的正確答案。主要問題可以發展成其他的重要問題，它會自然而然地重複出現，並且直指學科的核心，或者直指課程內容領域的哲學及概念基礎。

6. 課程目標能使知識以可評量的方式清楚界定，在達成期望的理解和回答主要問題（階段一）方面，哪些是所有學生都應該知道、都應該表現的知識。理想上，由理解驅動的目標應該從反映一個以上的理解層面之行為動詞開始。這六個理解層面依次是：說明、詮釋、應用、觀點、同理心、自我認識（Wiggins & McTighe, 1998, p. 44）。

7. 在設計階段二的學生實作表現評量策略時，教師必須謹記照片集的隱喻，而不是更傳統的快照隱喻。有效監控學生的學習進步，應該結合許多評量工具和程序，包括：

(1)採用建構式反應（實作本位的）的題目而非選擇式反應的題目（是非題、填空題、單選題）的正式測驗和隨堂測驗。

(2)反省式的評量策略，例如日記、日誌、「聆聽—思考—互答—分享」（listen-think-pair-share）活動、晤談、自評活動、同儕回應小組。

(3)明確界定實作任務的學科問題提示。

(4)允許學生選擇及獨立應用的總結評量專題學習。

8. 重理解的教學其基本目標應該是，確保所有學生在真實的情境中能獨立應用所習得的理解事項和知識。因此，總結的實作本位專題學習（Wiggins 和 McTighe 稱為 GRASPS）應該包括下列核心要素：

G ＝取自真實生活的目標（goals）。

R ＝真實的、以現實生活為根據的角色（roles）。

A ＝學生將呈現最後作品和實作表現的對象（audiences）。

S ＝包括待解決的真實衝突、要做的決定、要完成的調查，

或者要創造發明之情境（situations）。

P＝從學習中累積的作品和實作表現（products and perfor-mances）。

S＝專題爲本的作品和實作表現之評量標準（standards）。　　*19*

9. 重理解的教學應該包括有助於達到確認期望的學習結果，以及整合所計畫的評量活動（階段三）。Wiggins 和 McTighe 以定名爲 WHERETO 的範例，爲理解爲重的課堂教學，找出七個核心的設計原則。此頭字語的每個字母分別對應到教師在設計教學活動時永遠應該考慮到的關鍵問題：

W＝如何讓你的學生知道他們的方向（where）、往這個方向去的理由（why），以及在過程中他們會以哪些方式（what ways）被評量？

H＝你如何在每節課的開始，透過激發思考的經驗來吸引（hook）及維持學生的興趣和專注？

E＝在整個單元或課程中，你會提供哪些經驗（experien-ces）來幫助學生獲得眞實的理解，並且使所有學生都具備（equip）成功學習的能力？

R＝你如何引發學生的反省（reflect）、重溫所學（revi-sit）、修正（revise）所知，以及重新思考（re-think）？

E＝學生將如何表現（express）其理解結果，並且進行有意義的自我評量（evaluation）？

T＝你如何依據學生狀況修正（tailor）（分化）你的教學，以適應每個學生的獨特長處和需求？

O＝你如何組織（organize）學習經驗，以利學生能從教師引導的、具體的活動，轉移到強調更深入理解概念的　　*20*
獨立應用？

10. UbD 不是待完成的計畫，相反地，它代表經過綜合的、研究爲本的最佳策略，這些策略關係到改善學生的學業成就。成功應用 UbD 的學習型組織是協同合作的社群，這類團體強調實務工作者進行下列的探究活動：

(1)同儕訓練（peer coaching）：專業的同儕透過設計課堂教學、提供有焦點的回饋，以及進行認知的訓練（如：旨在連結教師觀點和評價的共同探究），以達到相互支持。

(2)學習小組：教師同儕一起學習一份文本或探討一項議題，然後爲了理解而傾注他們的經驗、反省、策略。

(3)研究小組：教師同儕將研究的焦點放在共同的學生學業成就問題或組織的問題，他們希望一起研究這些問題，以延伸學習小組起初的討論。

(4)協同行動研究：教師同儕找出有關其學習型組織的某個研究問題、某個假設或調查的問題；蒐集、分析，以及呈現可得的資料；發展及實施與找出解決方案和介入策略有關的行動計畫；以及修訂計畫以強化對持續改進的承諾。

二、來自實務界的心聲：有經驗的使用者所認為的 UbD 優點和挑戰

根據上述十項主要的設計原則，哪些是教師、行政人員、訓練師，以及大學校院代表所說關於 UbD 狀況的意見，以及關於他們在各自學校、學區、相關組織成功實踐這些原則的情形？該問題引導了整本書的探討。筆者先從檢視三組主要的結論開始，這些結論關係到研究參與者對於 UbD 的優點之看法、其面對的挑戰及可能的缺失，以及 UbD 在教育領域各學習型組織中的未來發

展。在每段摘要的結論後面都接著舉例參與者的問卷回答。

(一) UbD 的優點

UbD 的高階使用者認為下列是 UbD 系統方法的優點：

1. UbD 的原則及策略合乎常理。
2. 就公立教育「為測驗而教學」以致強調知識回想的學習而言，UbD 有克服此傾向的潛力。
3. 在課程、評量、教學、教師專業發展方面，UbD 能提供與研究為本的最佳策略相關之常見的、共識驅動的用語。
4. 引導及影響學校革新和教育改革過程的潛力。
5. 能引導及影響教師致力於解讀課程標準，以及能幫助所有學生深度理解所學概念。

問答

問：你認為 UbD 有哪些最大的優點？

答： (1)「UbD 是教學的哲學。當你『懂了』，要回頭設計不連結的活動或涵蓋沒有更廣情境脈絡的事實資訊，是件很困難的事。UbD 有助於陳述內容或技能，而這能讓教師和學生把該資訊放在既有意義又可以遷移的情境脈絡下。身為視導員，UbD 使我和教師之間能進行言之有物的、有批判力的對話，而且也對教師的自我反省提供內在的查核。」
　　——Mark Wise，紐澤西州普林斯頓叉口市，葛洛弗初中的社會科視導員

(2)「UbD 很有道理，它反映了優秀教師所做的事，並且受到研究和課堂教學實務的支持。逆向設計的三個階段顯示了對單元或單課設計的一致指引，教師會覺得這很合用。同時，UbD 也會使教師反省自己：『為什麼』在做某些事，

22

以及做了『哪些』事。」

——Joseph Corriero，紐澤西州克倫福市，課程與教學助理學區學監

(3)「UbD 很實用，而且以研究為根據。單看指引教師如何寫出主要問題的功用，就使它成為極有價值的策略。」

——David Malone，德克薩斯州密蘇里市，優質學習公司資深副總裁

(4)「重理解的教學、各式範例，以及不同的課程設計切入點（是 UbD 最大的優點）。許多教師認為，這套方法使他們恢復過去樂在其中的創造力，回到為應付測驗而使『填鴨式練習』的態度如此普及之前的日子。」

——Judith Hilton，科羅拉多州綠林村市，UbD 推動小組成員及大學教授

(5)「（UbD 的主要優點在於其）基本模式具有邏輯、把焦點放在評量上，以及要求設計者清楚哪些是主要的內容。」

——Ken O'Connor，加拿大安大略省史卡波洛夫市，UbD 推動小組成員

(6)「所有三組策略——逆向設計的程序、設計的標準、實作任務，能幫助教師自我評量及進行同儕評論，這些最終都能夠改進教學。」

——Alyce Anderson，紐澤西州布里克市，赫伯斯維爾小學校長

(7)「（UbD）以持久的理解為焦點（是其大優點）。在這個知識擴展的時代，我們的挑戰是提供能產生長期成效的教學。對這方面的努力而言，UbD 是關鍵之一。」

——Elaine（Irish）Hodges，加利福尼亞州聖地牙哥市聖地牙哥郡教育局，特別專案及績效責任科主任

(二) 挑戰和問題

　　當 UbD 的高階使用者被要求反省其應用過程所遇到的挑戰和問題時，他們一致指出下列主題和議題：

　　⑴教師迫切需要時間來反省，UbD 系統方法對於修正現行策略所做的建議，然後在課堂上試驗逆向設計法的各個部分。

　　⑵在教育環境中任何變革計畫或變項都會出現的無可避免問題，尤其是像 UbD 一樣可能具有挑戰性或有時具有威脅性的變革。他們提到的問題是，教師對於要求其在深度的概念層次上思考及操作的系統方法所表現的抗拒、疑惑、矛盾情緒。

　　⑶與高利害績效責任測驗相關的極真實二分法，存在於許多學校、許多學區之中，包括教師誤以為有必要涵蓋整個課程和觸及所有可能列入測驗的內容。

　　⑷將 UbD 的實施從最初的採用者和鼓勵者轉移到，包括所有可能抗拒、可能觀望或可能對激發新想法有敵意的教師。

　　⑸有必要使 UbD 的實施成為長期的計畫，參與者包括所有的組織利害關係人，尤其行政人員在其學校或學區內必須成為真正的教學領導者，而且必須清晰闡明 UbD 和其他績效責任計畫之間的連結。

24

　　⑹有必要蒐集、分析、分發和高度利用 UbD 有關的學業成就資料，尤其為了配合當前聯邦政府的規定──任何教育計畫要有紮實的、實證的、經科學證實的研究基礎。

問答

問：你認為 UbD 所呈現的最大挑戰是什麼？

答：(1)「時間和推動。我們遇到的最大挑戰發生在傳統上一直是技能導向的領域（例如小學各年級的閱讀和中學各年級的數學）。」

——Joseph Corriero，紐澤西州克倫福市，課程與教學助理學區學監

(2)「學校系統的每個人都需要訓練以發揮最大效能，不應該只是提供教師工作坊的訓練而已。」

——David Malone，德克薩斯州密蘇里市，優質學習公司資深副總裁

(3)「用於使教師了解完整程序的訓練時間很有限。只辦一兩天的工作坊而沒有後續的訓練，在改進或改變教師課程設計方面的成效很差。我常常覺得，概覽式的學習只有少量時間可用來查核對（逆向設計之）三階段程序的理解，或者解答對相關問題的誤解。教師需要完成一個單元的設計，然後經歷過同儕評論，才能基本了解 UbD 到底是什麼。一兩天的工作坊是無法辦到的。」

——Janie Smith，維吉尼亞州亞歷山卓市，UbD 推動小組成員暨前任課程發展師

(4)「已經辦過太多一次的、灌輸式的訓練，這些訓練期望教師完成一天、兩天或三天的訓練之後，能充分理解 UbD 以改變他們的專業策略。此外，教師被期望產生這些改變，卻沒有得到任何後續訓練或支持，還得受到課程單元督察的監督——他們對 UbD 的認識和教師相同或更少。」

——Elizabeth Rossini，維吉尼亞州法費克斯市，UbD 推動小組成員

(5)「UbD 缺乏實證資料。使教師從教導事實及涵蓋學科內容轉變到其他，也是件困難的事——（這些教師）若不是很聰明就是花了很多年採用稱做教學的其他策略。」

　　——Judith Hilton，科羅拉多州綠林村市，UbD 推動小組成員及大學教授

(6)「沒有足夠研究為本的資料顯示（UbD）改善了學生的學習。大家想知道 UbD 改善了學生的學習，他們要量化的資料。」

　　——Elizabeth Rossini，維吉尼亞州法費克斯市，UbD 推動小組成員

(7)「（最大的挑戰是）重新思考自己的課程設計方法，然後從按內容轉移到跨內容的設計。」

　　——Ken O'Connor，加拿大安大略省史卡波洛夫市，UbD 推動小組成員

(8)「最大的挑戰涉及到突破傳統教育的心向。（美國）教科書驅動的或活動驅動的課堂教學毫無進展可言。我們需要（幫助）教師有勇氣選擇最重要的學習，而在這些學習中，學生應該逐漸活用及改善課堂所學，以提升學習的結果。」

　　——Joyce Tatum，田納西州查塔努加市典型公園博物館磁性學校，UbD 推動小組成員及博物館聯絡員

(9)「最大的優點也是最大的挑戰。教師會問：『為什麼我們把所有的時間都花在階段一？』他們有必要了解階段一有多重要。這和活動或內容涵蓋無關，教師只是不想投入太多時間在設計的開始階段。」

　　——Angela Ryan，賓夕法尼亞州荷賽市，教學指導員

(10)「其課程設計方法非常複雜——不容易理解或應用。當某件這樣複雜的事情加到目前的工作職責中，消化這些資訊然後適當地應用，需要一段很長的時間。」

26

　　——Kay Egan，維吉尼亞州諾佛克市諾佛克公立學校，特殊暨資優教育資深協調員

(11)「UbD 相當複雜。教師並不根據大概念來思考，因此，提

供更多的分享、示範、支持，會更好。」

——Elaine（Irish）Hodges，加利福尼亞州聖地牙哥市聖地牙哥郡教育局，特別專案及績效責任科主任

⑿「過度強調單元的設計。其實 UbD 系統方法也可以用來建構課程和訂定全學區的決策。」

——Alyce Anderson，紐澤西州布里克市，赫伯斯維爾小學校長

⒀「我們遇到的最大挑戰是延續教案研究的工作。在下一個博物館之夜以後，我們設計了檢視全校學生作品的諍友守則，以決定作品的品質。」

——田納西州查塔努加市典型公園博物館磁性學校，校長 Jill Levine、課程指導員 Judy Solovey、UbD 推動小組成員及博物館連絡員 Joyce Tatum

⒁「UbD 的設計工作頗困難，又需要不斷修正，尤其對於必須『抹除』之前所學實務的教師而言。課程設計可能很費時（特別是開始階段），如果做得不正確，教師可能會因為無法看到立即的回饋，而（可能）退回到過去使用的策略。」

——Mark Wise，紐澤西州普林斯頓叉口市，葛洛弗初中的社會科視導員

(三) 未來的策略

最後，研究參與者被問到，學校或學區必須提供什麼以確保 UbD 的成功實施，是學校未來成為學習型組織的一部分基礎。

他們的回答強調下列重複出現的建議：

⑴在學區、學校實施策略式計畫的情境之下，確保 UbD 之目的已清楚向教師強調：UbD 的系統方法如何連結到學生的

27

成就目標，並且如何支持後者。

⑵提供支持的措施，以確保這些措施的延續性和持續的教師
專業發展，包括有駐校的訓練師和教練，以及經費資源。

⑶確保在行政上對實施 UbD 的積極支持，其瞄準的是學校的
和教育主管機關的教學領導者上。

⑷避免一次式的專業發展模式，確保以學習小組和行動研究
的活動來進行有意義的後續訓練。

⑸致力蒐集和分析有「附加價值」的資料，以評估 UbD 的高
度實施和學生學業成就表現之間的關係。

問答

**問：支持 UbD 的實施，有哪些因素是必要的（如：人力資源、
經費資源、材料設備、專業發展、課程革新）？**

答：⑴「清晰的願景闡述。為使教師接受，說明 UbD 的工作有哪
些會符合學區的整體理念，是絕對重要的，否則，UbD 又
會成為另一個會消逝的一時想法。教師必須理解，UbD 不
是『今年的計畫』而已，而是學區達到有效教學願景的關
鍵，UbD 是這個學區裡的優質教學理想情況。同時，也需
要有教師專業發展的時間，以及提供促導者進行初步訓練
的時間。」

　　——Joseph Corriero，紐澤西州克倫福市，課程與教學助理
　　學區學監

⑵「使用者需要能提供『證明』的資料。（在實施）「有教
無類法」（No Child Left Behind）（的時期，我們）需要來
自研究為本的擔保，擔保專業發展策略和 UbD 系統方法能
起作用，這樣就能推動 UbD 實施。我曾經常常認為，指定
一些要求有經過學生學習才算完成的單元教案作為訓練教

28

材之一，會很有價值。這就是為什麼我要從不同的學科內容領域和年級，選擇我在各地方看到的教案之原因。這些教案是極佳的推廣工具。」

——Judith Hilton，科多州綠林村市，UbD 推動小組成員及大學教授

(3)「（我們需要）有支持同儕的內部能力之教師領導者、需要穩定的長期經費、需要持續辦理 UbD 專業發展的行政承諾，以及需要研擬長期的和短期的計畫之能力。課程的革新會有一些（成效），但是定期的修正成效很小，因為 UbD 被過度頻繁地視為當天的主題或『這也一樣會過去』的歷程，使得學校幾乎未能看出 UbD 和其他問題及訓練的具體連結。」

——Janie Smith，維吉尼亞州亞歷山卓市，UbD 推動小組成員暨前任課程發展師

(4)「學校需要駐校的 UbD 專家。學校的專業圖書室也要有幾本 UbD 書面資料的複本。如果學校負擔得起，教師團隊成員、駐校專家、訓練師等等可以取得的資料複本數量應該愈多愈好。由於 UbD 是專業發展過程的一部分，其理念必須是每個教師的教育理念之一。但這需要時間、需要持續的回饋、需要持續地講求績效責任，以利實施 UbD 及產生改變。」

——Angela Ryan，賓夕法尼亞州荷賽市，教學指導員

(5)「（我們需要）能幫助學校實施 UbD 的教練。雖然（在我們的學區中），有些已辦理過的訓練有少數教練被派上用場，但是任何願意做教練的人都必須負起協助實施 UbD 的額外責任。教練的應用是有很大潛力的重要特點，可惜的是，我們並未給予（UbD）應有的成功實施機會。」

——Kay Egan，維吉尼亞州諾佛克市諾佛克公立學校，特殊

暨資優教育資深協調員

(6)「作為行政團隊，我們需要持續提供時間和焦點，（以利）
教師將持續地改進當作專業生活的方式。在每個學期結束
時，我們問教師，哪些是我們應該繼續做的、哪些是我們
不應該繼續做的？哪些是我們應該多做的、哪些是我們應
該少做的？哪些是我們做得不錯的、哪些是我們需要改進
的？這些問題的答案會幫助我們界定未來的工作。」

——田納西州查塔努加市典型公園博物館磁性學校，校長
Jill Levine、課程指導員 Judy Solovey、UbD 推動小組
成員及博物館連絡員 Joyce Tatum

(7)「持續不斷的專業發展，是實施 UbD 的第一個步驟。這樣
做應該會導致課程革新，以及（導向）可以充實未來將採
用課程的新方向。而學區在提供在職進修天數和課程費用
方面，必須對專業發展課程提供經費上的支持。」

——Mark Wise，紐澤西州普林斯頓叉口市，葛洛弗初中的
社會科視導員

反思這些高階使用者對於 UbD 的反應，然後和自己的經驗做
比較之後，你可以使用下列章末的資源來增進你自己的理解。

表 1-1 呈現的問卷重點是所有研究參與者對下列問題的回應。
在目前 UbD 的使用上，哪些問題是你能夠回答的？對於目前與你
合作的大部分教師而言，哪些問題對他們來說很困難？這些問題
所揭露的議題，是否對你未來應用 UbD 系統方法的方向，提供了
任何洞見？這些議題對你的策略式計畫過程是否有一些涵義？

30

表 1-2 詳細綜合了作為後續各章之基礎的主要概念，包括：(1)
高階使用者的剖繪；(2)有用的專業發展課程之效標；(3) UbD 與學
校和學區的其他計畫之連結；(4)對課程和評量的實務之影響；以
及(5)和 UbD 的應用及實施相關的其他議題之一般意見。

　　如同本書各章，本章結尾是一份摘要此章關鍵概念的組織評鑑矩陣（見表 1-1）。這些矩陣說明了能從這份 UbD 研究做出的推論和結論，而且能以學習型組織的方式普遍應用到所有的學校和學區。理想上，即使是獨立的策略，當教師應用 UbD 作為學區革新的努力方式之一時，這些矩陣能幫助學校改進小組，從個別使用者的經驗、洞見，以及習得的教訓獲益。

表 1-1　以 UbD 高階使用者為對象的問卷

第一部分：研究參與者的資料

　　請提供下列資料，以利研究者能針對填寫這份問卷的個人和團體，編輯剖繪檔案。

1. 姓名：
2. 目前的職稱（職位）：
3. 在目前職位的年資：
4. 連絡地址：
5. 連絡電話：
6. 電子郵件地址：
7. 使用 UbD 之年數：

任職：學校_____學區_____大學_____其他_____

第二部分：開放式問題

　　請盡量詳細回答下列每一項問題。研究者特別感興趣的是你對以下角色的看法：身為實務工作者兼 UbD 之使用者，同時又是更廣的組織或學區環境之成員。

1. 請說明你如何學習 UbD，以及被如何訓練。
2. 你的機構、你的學校或學區，曾經如何提供 UbD 方面之專業發展課程？

表 1-1　以 UbD 高階使用者為對象的問卷（續）

3. 除了直接的訓練之外（如：做報告、參加工作坊、參加課程），在多大程度上，你目前利用學習小組、探究小組、協同行動研究，以及其他的協同合作方法來支持 UbD 的實施？哪些教師發展活動被證實最有效？哪些被證實最無效或最有問題？你對剛開始參與 UbD 教師發展活動的其他人，有哪些建議？

4. 你的學校或學區曾試圖幫助教師理解 UbD 的目的和應用嗎？例如，你如何把 UbD 連結到學區的其他計畫、其他政策、其他策略，以及學校改進計畫？

5. UbD 如何被整合到你的學校和學區課程之設計、發展、實施？*32*

6. UbD 如何支持你在工作上，達成學區的、州的學生學業成就標準，尤其是透過州的、地方的績效責任測驗計畫所做的評量？你是否能引用任何的證據證明，UbD 的使用和測驗得分或其他的進步證據（如：學生作品的品質、學生專注學習的調查結果）之間有相關？

7. 在你工作的學校及學區中，UbD 的教學原則及策略如何被整合到日常課堂教學實務？你能引用哪些證據來支持你的結論？

8. UbD 如何被用於支持策略式計畫、持續改進，以及組織的變革？你能引用哪些證據來支持你的結論？

9. UbD 被整合到你們的教師導入計畫嗎？如果是，請提供具體的實例？

10. 請說明你對下列工具的經驗和反應：

(1) UbD 交流網。

(2) ASCD 之 UbD 錄影帶。

表 1-1 以 UbD 高階使用者為對象的問卷（續）

(3) ASCD 之 UbD 線上課程。

11. 哪些是支持 UbD 實施的必要因素（如：人力資源、經費資源、材料設備、專業發展、課程革新）？

12. 你認為哪些是 UbD 的最大優點？

13. 你認為哪些是 UbD 所面臨的最大挑戰？

14. 關於 UbD 的未來方向，你有哪些其他的建議？

表 1-2 我們從 UbD 學到什麼？ASCD 初步問卷調查及焦點團體討論結果之摘要

1. UbD 的高階使用者傾向於：

　(1)在其專業工作中經常使用 UbD 的單元設計。

　(2)在首度接受訓練之後即參與後續的協同合作活動（如：學習小組、協同行動研究、同儕評論）。

　(3)負責幫助綜合UbD和學校及學區的其他績效責任計畫。

　(4)將 UbD 闡述成系統的方法，以說明其為研究為本的最佳策略，而非單獨的計畫。

　(5)理解 UbD 的設計原則與其任教領域的一般最佳策略之間的連結。

2. 有用的、持續的 UbD 專業發展傾向於：

　(1)避免只有極少後續活動的一次式訓練方案——如果有後續活動的話。

　(2)強調 UbD 和學校及學區其他的績效責任計畫之間的連結，尤其是課程標準和績效責任測驗。

　(3)包括學校系統的所有利害關係人，不只是單一的團體或同僚。

表 1-2	我們從 UbD 學到什麼？ASCD 初步問卷調查及焦點團體討論結果之摘要（續）

(4)終究會包括某些形式的專業合作（如：初步的學習小組、同儕評論、行動研究）。

(5)指引實務工作者表達對加值型評鑑的需求。

3. 強調 UbD 和學區其他的計畫，以及學校及學區教師之間的連結。

(1)避免將 UbD 實施成另一個規定的計畫。

(2)闡明 UbD 和學區課程標準之間的關係。

(3)分析高利害績效責任測驗的設計內容，以闡明在這些測驗的哪些方面 UbD 能促進學生的學業成就。

(4)將持久的理解和主要問題整合到學區課程綱要和課程標準之中。

34

(5)描述 UbD 的課程設計基本原則及其和全學區計畫的連結，以確保所有學生都能成功學習，例如在識字能力發展、解決數學問題，以及因材施教方面。

4. 在學校及學區中，當 UbD 的高階使用者有下列行為時，UbD 會影響課程和評量的程序：

(1)為統一課程標準的闡述和實施，提供有控制力的原則。

(2)為發展可行的核心課程，（透過三段循環稽查程序）建立某項技術。

(3)為統一課程的設計提出工具和方法的建議。

(4)強調照片集式學習結果評量的需要，包括建構式反應的測驗題目、反省式評量策略、有提示的學科問題、總結實作表現及專題，以及整體式和分析式評分指標。

(5)透過 WHERETO 建立一套一致的教學設計原則。

5. 其他重複出現的結論和建議，包括：

| 表 1-2 | 我們從 UbD 學到什麼？ASCD 初步問卷調查及焦點團體討論結果之摘要（續） |

(1) UbD 下一個合理的進展步驟是，以系統化方式評鑑 UbD 對學生學業成就和組織產能的影響。

(2) 雖然電子式的學習型組織有確立的功能架構，但由於教師對其不熟悉和很難加入，其潛力尚未被了解。

(3) UbD 的實施通常始於一群較早開始採用的同僚；但是其成功只發生在順其自然融入其他的系統化專業發展計畫和績效責任計畫。

(4) UbD 的系統化實施是一種組織發展的過程。其內涵包括共事感、對追求卓越和理解的承諾、對均等問題的敏感度、協同的及內含在工作中的專業發展，以及了解學習者是學習過程的核心。

(5) 與 UbD 實施有關、再三出現的問題包括：
　①教師誤以為 UbD 是單獨的計畫。
　②教師對於課程內容（及其大概念、通則、典範）缺乏深度理解的概念。
　③在專業上渴望速效型的計畫，這類計畫不要求教師忍受模糊的或複雜的狀況。
　④對於使教學符合測驗需要，觀念錯誤。
　⑤誤以為重理解的教學只適合資優生。
　⑥認為不是所有學生都能達到深度的概念理解。
　⑦擔心讓學生自己掌握控制信念（locus of control），以及根深柢固地想要透過講課和教師分配的資料來安排課堂教學。
　⑧無法提供經費資源來維持學校本位的及內含於工作的專業發展。

表 1-2　我們從 UbD 學到什麼？ASCD 初步問卷調查及焦點團體討論結果之摘要（續）

(6)有必要闡述「有教無類法」的法規和 UbD 之間的關係，以避免重蹈為測驗而教學的覆轍，這類教學忽視了學生理解其被評量的課程內容（陳述性和程序性知識）之需要。

表 1-3　提升所有學生理解程度的組織策略（組織評鑑）

36

在多大程度上，你的學校或學區的組織策略反映了下列指標？

指標	不明確	有點明確	明確	非常明確
1. 我們有共同的教學理念，此理念強調學生的理解而不只是知識的回想。	☐	☐	☐	☐
2. 我們所用的標準很明確地確認，所有學生應該知道、應該表現，以及應該理解的知識。	☐	☐	☐	☐
3. 我們的課程能對教師和學生提示每個內容領域的大概念和主要問題。	☐	☐	☐	☐
4. 我們的課程目標強調學生有能力說明、應用，以及詮釋他們所學，而不只是複誦或記憶所學。	☐	☐	☐	☐
5. 一有機會，我們就強化學生分析觀點的能力和表現同理心的能力。	☐	☐	☐	☐
6. 我們鼓勵照片集式的評量方式，此方式強調以實作評量和自我反省為關鍵要素。	☐	☐	☐	☐
7. 我們的教學強調，使學生積極專注地學習，以及在學習過程中以學生為中心。	☐	☐	☐	☐
8. 我們的專業發展強調學習小組、研究小組，以及行動研究的程序。	☐	☐	☐	☐
9. 我們的長期計畫強調，確保所有學生對課程都能發展出深度的概念理解。	☐	☐	☐	☐

37

2
Chapter

設計及發展學校的、學區的課程

● 主要問題 ●

1. UbD對於學校及學區提高所有學生的成就水準，有哪些建議？
2. UbD如何為教師提供一套設計的原則，以利他們進行課程設計、課程發展、課程實施？
3. 如何把 UbD 整合到課程稽查和課程革新的過程之中？

雖然如同 Wiggins 和 McTighe 在其一九九八年的書中之首度說明，UbD 之焦點主要是放在單元課程發展，但是許多採用 UbD 系統方法最成功的學校及學區，在使用上已經超越了由教師設計的單元。這些足為範例的學校及學區已經開始利用 UbD 的原則，重新建構整個課程管理系統。在本章中，和受過 UbD 訓練的教師及行政人員密切合作的學校及學區課程領導者，說明他們如何應用 UbD 系統方法來擴展教師對於課程管理系統的理解，以促進持續的改進。他們也說明了，在績效責任受測驗驅動的時代裡，如何把 UbD 系統方法整合到學校及學區課程工作所面對的挑戰和可能的缺失。

本章也從學校及學區檢視了整個美國的課程工作，其強調重點有下列：(1)說明學校及學區如何使用 UbD，來增進教師和學生對課程內容和實作表現標準的理解；(2)舉例說明學校及學區如何將持久的理解和主要問題整合到課程綱要及指引；(3)討論 UbD 的三段循環稽查程序如何幫助學校及學區找出核心的有用知識（如：

哪些是所有學生應該知道和應該表現的知識）；以及(4)探討學校及學區如何在核心內容領域方面增進課程標準、評量，以及教學之間的密切關係。本章結尾有一份評鑑組織的問卷，專門的課程人員可用以支持課程稽查或修正其課程。

關於 UbD 系統方法和課程的設計、發展，以及實施之間的關係，UbD 高階使用者的想法和建議圍繞著下列核心問題：

1. 更明白課程是管理教學的系統，而不只是蒐集教學所需的文獻或地圖。努力的方式之一是，我們必須確保包括行政人員和教師在內的所有教職員，都能理解及探討「持續改進」的概念。

2. 學校及學區必須使所有的利害關係人對於學科學習標準的真正涵義建立共識。亦即，所有教師對於哪些是學生應該知道、應該表現，以及應該理解的知識，有一致的意見。

3. 體認將持久的理解和主要問題整合到書面課程的價值，包括課程標準及有關範圍和順序的系統方法。

4. 落實使課程實施時間充足且符合實際的強烈需求，對課程加以稽查以確保教師有足夠時間進行深度概念理解的教學，而不只是表面上的涵蓋內容。

5. 在考慮及採用一套評量工具模式方面，發揮課程的潛力——即 Wiggins 和 McTighe（1998）所稱的照片集式評量方式。此方式有助於學習型組織避免在教學上完全以選擇式反應的測驗，作為監控學生表現和決定組織效能的方法。

6. 掌握機會使建構良好的課程能強化教學策略，以促進所有學生的高度理解和整體學業成就，包括特殊學生群體在內（資優生、特教學生、ESL 學生、社經地位不利學生）。

紐約市布郎克斯學區莫理斯高中（Morris High School in the Bronx）的英文教師 Patty Isabel Cortez，將 UbD 描述為很有效的程序：

　　UbD 常常被稱為「逆向設計」，事實上，UbD 不只是逆向設計而已。我們習慣於考慮要學生達到哪些成就，以及要他們往哪些方向努力，因此，大多數有效能的教師其實已經是「逆向設計者」。UbD 有什麼不同之處？（UbD）單元課程設計包括三個階段：確認期望的結果、決定可接受的學習結果、設計學習經驗和教學活動。要學生理解的事項往往被稱為「大概念」，這些大概念或理解事項是能刺激思考的陳述，並且經過一番措詞以利學生能進行有意義的討論。

　　就像 Cortez 一樣，許多其他的高階使用者都強調 UbD 在轉化課程方面的催化作用，它能使課程成為促進學生專注所學的工具，以及增進他們對所學內容產生有洞見的概念。　　*41*

一、課程即管理學習活動的系統

　　高階使用者的研究最重要的發現之一是：他們一致同意，UbD 系統方法為課程的設計、發展，以及實施提供了一套模式。這些實務工作者都同意，UbD 為學校或學區的持續改進統整了可應用的原則和策略。事實上，教師可以把 UbD 當作工具使用，建立對下列方面的共識：學校及學區所採用的標準之意義、這些標準在學生學習方面的涵義、監控及評量所有學生在精熟這些標準方面的進步情形，以及實施所需的教學介入計畫，使學生的學業成就和組織效能達到最大程度。

　　德克薩斯州密蘇里市優質學習公司的資深副總裁 David Malone 強調：「（根據）研究，UbD 是變革的催化劑，它顯然為教學設計提供了一套更有效的解決方法。把這套方法納入到整體學校革

新的方法之中，會非常有用。」

　　同樣地，紐澤西州克倫福市課程與教學助理學區學監 Joseph Corriero 也重申 UbD 即催化劑的價值，它統一了教師在所有課程發展階段的工作：

> 　　我們建立了反映 UbD 原則的課程設計範例。參與編寫課程的教師會接受額外的 UbD 工作訓練；教師也會和外部顧問合作設計教學單元，而這些單元則結合 UbD 和問題本位的學習策略。

42　　那麼，如果某個學校或學區處理課程工作的方是採用 UbD 之原則，以促進持續的改進，其狀況看起來如何？高階使用者對下列普遍的原則意見一致：

1. 應用 Wiggins 和 McTighe（1998）提出的三段循環稽查程序和逆向設計的三階段，提供所有教師在課程稽查方面的專業發展活動。
2. 對於學校及學區的學科學習標準，以及這些標準對所有學生應該知道、應該表現，以及應該理解的知識涵義，建立共識。
3. 編寫課程教材的範例，這些範例經過實際測試，並且證明能有效提高學生的理解程度。
4. 將一套評量工具加以整合，以監控所有學生在精熟課程標準方面的進步。
5. 提供所有教師回饋及實務教練，以利他們應用教學策略來提高學生理解程度，以及提高學生在學校及學區課程標準方面的整體學業成就。

　　根據高階使用者的看法，幫助學校或學區應用 UbD 催化持續的改進，涉及到能對建立共識和專業發展做出重大承諾。例如，加利福尼亞州太陽谷（Sunnyvale）的課程標準及評量訓練師兼教

育顧問 Carl Zon 主張：「與 UbD 相關的工作，其目的在為學區的教師和行政人員之協同合作，提供共同的系統化設計方法。」

同樣地，紐澤西州新埃及縣布魯斯提特鎮學區之教學視導員暨資優教育協調員 Lynne Meara，也強調上述的承諾：

> （所有）教師必須接受訓練，或者願意持續實施 UbD 教學。UbD 的課程設計程序也被納入發展行動研究機會的差別視導模式（differentiated supervision model）之中，以發展更多應用該程序的單元，或者就目前的機會探討改進的可能性。

43

把課程視為教學管理系統的大概念，要求教師致力於將課程轉化成促進所有學生學習的有機過程。UbD 的高階使用者建議，這類方法必須包括下列要素：

1. 教師認識到課程不只是書面的文件，也是管理學生學業進步情形的有機系統。

2. 由共識來決定哪些是要求的學科學習標準，暗示了哪些是學生應該知道、應該表現，以及應該理解的知識，並且一併說明哪些是學生應該證明其能力之實作表現標準，這些實作標準闡明學生在某一關鍵學習階段應精熟和具備的能力，理想上，這些標準應按照評分等級或成績考察期別而組織。

3. 把大概念（包括持久的理解和主要問題）整合到課程標準的設計，也整合到評量學生對這些標準的理解之增進程度。

4. 經過學校及學區認可支持的和承諾應用的一套評量工具，包括了學校規定的、學區規定的或州規定的績效責任測驗，但不以此為限（績效責任測驗包含：建構式反應測驗和隨堂測驗；具體指明形式、對象、主題，以及目的之開放式

問答題；反省式評量活動；以及總結的實作本位專題研究）。

5. 在教學和評量不斷連結的學習環境中，教師：(1)監控所有學生在預期達到的課程結果方面是否更加精熟；以及(2)修正教學以因應學生的長處和需要。

6. 整個學校或學區對發展學校成為學習型組織做出承諾，同時，所有利害關係人也一起合作，以利在實踐共識所驅動的課程標準方面，將學生的理解和學業成就提升到最大程度。

二、對於課程標準及其意義建立共識

那麼，我們可從 UbD 的高階使用者學到哪些和課程標準有關的問題，以及如何以最有效方式處理這些問題？賓夕法尼亞州連宏市納夏米尼學區的（幼稚園到高中階段）社會科暨課程與教學部主任教師 Frank Champine 建議：

> UbD 代表的是學區最基本層次的學校革新模式。在改進課程、教學，以及評量方面，這個模式能給予教師和行政人員最簡明的指引，使教師有能力以有意義的方式分析州的、全國的課程標準，以及給予教師（或）實務工作者掌控其個人專業生活的機會。

所有參與本研究的高階使用者都認知到，課程標準的有效實施涉及到建立共識和專業發展的過程。賓夕法尼亞州荷賽市教學指導員 Angela Ryan 將該過程摘述如下：

> 我們在課程推動過程所問的問題係依循 UbD 的過程

而產生。無論我們設計的是標準（基準或目標）、教學
策略或評量策略，這就是所使用的程序。它已經變成一
種要訣。

專家級的實務工作者都同意，致力於不斷進行專業對話，對
於解讀課程標準而言很必要。Champine 斷言：

> （UbD 能促進）對課程、對教學，以及對評量之關
> 鍵要素的專業對話，它能迫使教師分享真正重要的知識
> 以及如何教這些知識。在訓練活動中所進行的討論，其
> 進展令人驚奇。這些對話把人們帶回到焦點議題，使我
> 們對於教學和評量要素的看法有顯著的改變。

45

高階使用者幾乎一致同意，同時要兼顧學校的和學區的標準
會很困難，而且，使學生為高利害績效責任測驗做好準備的最佳
方法，有時會被錯誤的理解和錯誤觀念給模糊掉。根據大多數受
訪者所述，教師往往將測驗前的努力準備誤解成為考試而教學的
歷程，亦即，當「涵蓋」的課程內容可能會出現在某次的州測驗
時，教師會直接訓練學生熟悉測驗的題型。受訪者一致認為，UbD
反映了研究為本的最佳實務，這些最佳實務經證明能幫助教師把
「填鴨式練習」的測驗準備方式，提升成反映下列五項關鍵原則
的策略：

1. 有效的課程管理系統要求：針對可用的時間和資源，課程
   標準的採用必須合理恰當。學校及學區可以使用三段循環
   稽查程序（Wiggins & McTighe, 1998）來評價，相對於主要
   的、持久的知識，哪些知識只要有點熟悉就好。
2. 標準不能直接拿來教而沒有對其建立共識。教師必須合作
   以判別有哪些學科學習標準考慮到：所有學生應該知道的

知識有哪些（如：關鍵的事實、概念、通則、規則、原理、定律等核心的陳述性知識）；所有學生應該表現的能力有哪些（如：技能、步驟、過程等程序性知識）；以及所有學生在受教育的某些時期應該理解的知識。

3. 有效能的學校及學區會把概念的理解直接整合到課程綱要的編製之中。大多數的高階使用者都強調，有必要將學校及學區課程標準隱含之持久的理解和主要問題，直接列為核心綱要的部分內容，包括列入範圍和順序的圖表之內。

4. 書面課程必須包括，將研究為本的最佳實務模式化之範例和基準，以提高學生的學業成就和精熟標準所設定的目標。這些程序應該包含，反映績效責任測驗設計實例的評量策略，以及針對監控學生課程標準精熟度而言，能反映真正平衡之方法的評量範例。再一次，實務工作者都認知到Wiggins 和 McTighe 的照片集式方法之價值，這套方法能取代快照式評量的限制。

5. 在有效課程之中的教學活動和設計要素，應該增進教師對研究為本的最佳策略之應用。高階使用者再三強調，教學設計的WHERETO模式很清晰合理（見第一章，17頁）因為該模式強調的教學原則和標準本位的教學一致。

三、把大概念整合到課程設計的程序

高階使用者有強烈一致意見的是，學校及學區有必要避免原子式的課程設計法。當學生能理解所學內容的整體概念時，其學習成效最佳，這些整體概念包括了一再出現的主題、概念、原理，以及必須隨著受教育的過程重新探究的問題。高階使用者意見相同的是，當學生被教以片段的或分散的資訊時，其學習的收穫最

少；相對地，當學生接受的是強調理解的概念式教學法時，所有學生的成就水準會大幅增進。

　　當實務工作者在各自的學校及學區裡討論 UbD 及其對課程的影響時，將大概念納入課程設計的整合過程，是其討論內容的重要部分。維吉尼亞州諾佛克市諾佛克公立學校的特殊暨資優教育科助理主任 Deborah Jo Alberti 強調，UbD 的主要貢獻是「理解事項和主要問題成為學校部門課程指引的一部分」。諾佛克公立學校學區曾進行把持久的理解事項和主要問題整合到所有學科領域的試驗，其學習成效則透過維吉尼亞州學習標準績效責任測驗來評量。

　　全美國的其他學區則透過建立共識、實務教練，以及專業發展的過程，把大概念整合納入其書面課程之中。賓夕法尼亞州新希望市新希望─索伯利學區，其幼稚園到高中階段教育的課程、教學、教師發展助理學監 Dorothy C. Katauskas，說明其學校系統採用的方法是納入所有關鍵利害關係人：

　　　　（關於 UbD 之影響）其中最重要的可能是，學區編製課程大綱和課程地圖的模式……我們以持久的理解和主要問題作為關鍵要素來編製課程地圖，（我們的）UbD實施委員會今年開始運作，以研究在教師、學生，以及課堂教學環境的層次上，與使用 UbD 有關的學校文化變遷。這個委員會的成員有學校教育委員會的代表，以及教師和行政人員代表。

　　UbD 的高階使用者指出，在一個理想的課程管理系統中，由標準驅動的理解事項是課程設計的基礎部分，其內涵如下：

　　1. 持久的理解（如：闡明各學科領域核心的大概念和深度概念理解之陳述）會被明列在所有的課程指引之中，並且強

47

48

調學生在各年級會重溫的概念。

2. 主要問題（如：直指學門或學科領域核心的開放式詮釋問題）會針對構成師生所教、所學內容之結構的主要意義和理解事項，提供如何對其進行探究的提示。

3. 有用的知識目標（如：取自學科學習標準的目標，以特別闡明哪些是學生在某個年級或某個成績考察期間，應該知道的和應該表現的知識），會透過連結到一個以上的六個理解層面（說明、詮釋、應用、觀點、同理心、自我認識）之行動動詞，來強調學生的理解。

4. 這些大概念會指引教學的和評量的決定，然後提示教師和學生，其共同探究的課程有哪些是普遍的或主要的概念。

科羅拉多州綠林村市的 UbD 推動小組成員及大學教授 Judith Hilton，曾說明過這項特定的課程要素之優點：

　　（實施UbD之結果是，）教師更能審慎地解讀學科學習標準，然後把課程主題連結到標準。我發現，和事實（或）技能導向的教學比較，教師教的比學生應該學的還要多。教師在發展概念的評量計畫方面正有所改進，而且也注意到與時俱進的實作表現證據。有趣的是，觀察教師在觀念上努力做教學典範的轉移時會發生什麼事。在教師做出有效的轉移之後，做逐日的教學計畫便成了苦差事，因此，出乎我的合理期望，我發現有必要花更多的時間在階段三，（因為）設計每天的教學是大多數教師的強項。在要求學生學習時，大概念會被逐漸充分理解，尤其（當學習）比過去（進行得）更有效時。這時就是學生愛上所學概念的時候。

49

四、透過課程稽查克服時間的限制

　　在面對學校及學區中愈來愈強烈的績效責任要求時，各地的教師都公開抱怨欠缺實際的時間資源。因此，許多 UbD 的高階使用者強調教師有必要重溫課程，以確保在可用時間有限的情況下能呈現實際的所教課程，是一點也不足為奇的事。許多實務工作者也證實了三段循環稽查程序的價值——Wiggins 和 McTighe 在《重理解的課程設計》（1998）一書之開頭部分曾描述過該程序。尤其，這兩位作者建議，當教師在合作解讀課程標準，以及實施所要求的課程時，要問自己三項關鍵的課程設計問題：

1. 就每一項要求達到的標準而言，哪些只需要熟悉就好？亦即，哪些可以教得很淺顯？哪些可以在受到時間限制時從教學內容中刪除？
2. 如果我們檢視每一項標準，哪些是所有學生都應該知道的（如：核心的陳述性知識）和能夠表現的（如：核心的程序性知識）？
3. 根據我們對所有學生應該知道的和能夠表現的知識之一致意見，哪些隱含的持久理解和主要問題是學生應該探究的，以及應該證明其增長的精熟度和能力？

賓夕法尼亞州的 Ryan 主張：

　　（UbD）是經過實證、能合理安排教學的方法。它使課堂教學的時間應用更有效率，因此在教育上，你可以把學生帶到你想要達到的情況……身為教師，我被迫要針對更深入的理解來設計和計畫教學。透過 UbD，我認知到如何藉由課程設計使他們邁向我要的方向——而

50

不是無意間辦到。

加利福尼亞州楚拉維斯塔市的教師人力資源發展師 Linda Marion，說明了相似的過程和優點：

> 要教師停下來想想持久的理解是什麼（哪些是他們要學生在幾年之後仍記得、會應用的），（然後決定）學生（已）達到理解的（有效可靠）可接受證據，以及透過他們的教材教法工具庫來（篩選）這些證據，其本質是頗為典範轉移之事。教師思考他們所教的內容；評量每一項指定作業和評量項目，以確保其效度；以及不再採用長期偏愛但未能連結到期望結果的教材教法。這是很大的轉換，真正的大轉換！

受訪者承認，在促使所有學生的學業成就達到真正的進步方面——包括特殊群體的學生在內，必須要求學校及學區消除「廣而不深」的課程，然後代之以能產生連續進步的、真實的重理解的教學。教師必須有時間和資源來提升所有學生的理解，而不只是教導少數篩選過的、有能力的學生。

五、課程即研究為本最佳策略之平台

> 我了解到，UbD 是思考課程設計的方法。它不是被放在架上的處方式計畫，當教師考慮任何層次的課程設計（或）教學設計時，它成為一系列（教師）會自問的問題。我也了解到，UbD 是把學習的責任放回學生手上的有用方法。它使學生在學習社群中變成更積極而非更

消極的成員。它提供方法使教師更像是指導者和教練，它幫助教師把焦點放在學生身上，以及放在那些對學生是正確的事物上。我希望當自己是班級教師時就已經這麼做了。

這段反省來自維吉尼亞州法費克斯市的 Elizabeth Rossini——UbD 推動小組受訪的成員之一，它強調了高階使用者之中另一個有強烈一致看法的主題：在所有課程教材及相關資源方面，學校需要有可行的課程管理系統，此系統能確認、強化，以及示範研究為本的最佳策略。就如賓夕法尼亞州巴克斯郡 UbD 推動小組成員暨課程與教師部的前主任 Elliott Seif 之建議：「當課程符合 UbD 原則時，或者（教師）應用視導模式把 UbD 指標整合到教學的視導時，就會產生最佳的模式。」

維吉尼亞州亞歷山卓市 UbD 推動小組成員暨前任課程發展師 Janie Smith 主張：

（UbD）其工作有效改進課程計畫的過程，並且（透過）逆向設計法將焦點放在期望的結果上。許多教師不以單元為準來設計課程，而是聚焦在每日的課堂教學及「涵蓋的內容或活動」。談到深度的理解、保留記憶，以及將學習結果遷移到新的不同情境時，UbD 能證明少即是多的設計成效。另外，實作評量的訓練也是其優點之一。

賓夕法尼亞州的 Katauskas 強調另一個在研究中重複出現的主題：在全系統的有效課程管理之程序中，有需要落實協同合作和建立共識：

（我們的 UbD 實施）委員會正在……發展一個模式，此模式類似於知名的學校研究「演示」（Walk-Through）模式，但只聚焦在同時從質和量的觀點，把 UbD 當作資料蒐集的工具。這些論壇為內部的教師提供檢討理解事項指標的機會，這些指標的設計來自於訪談教師和學生，以及（來自於）檢視班級教學的環境。然後透過（使用）行動研究策略的回饋模式，設計小組會和教師討論他們的觀察所見。我們希望最後能對其他學區的訪客開放這些論壇，因為他們可以理解這些指標，並且也提供外部的回饋。

專家級的實務工作者們強調，UbD 的 WHERETO 範例（見第一章，17 頁）的價值在於清晰、容易上手，以及有效綜合我們目前所知的教學程序。他們建議，有必要把 WHERETO 的要素應用到課程設計、課程發展，以及課程實施的各方面。尤其，他們一致同意，WHERETO 強化了以下這類關鍵原則：持續改進（如：不斷使用「回饋—調整」的辦法來找出學生的長處和需要，然後設計能適應這些長處和需要的教學）；因材施教（如：根據學生的興趣、目標、學業成就，以及學業成就的落差，把教學—學習的環境個人化）；以及學業上的嚴謹（如：確保所有學生都能獲得理解為本的教育，而此類教育反映了求卓越和求均等之價值）。同時，問卷調查填答者所關切的是，按照現在許多公立學校及學區所面對的高利害績效責任測驗，將 WHERETO 的這些原則和程序付諸實施後會造成的複雜情況和挑戰。事實上，有關如何最有效提升學生在這類測驗上的表現水準，許多研究參與者都曾歸咎錯誤觀念和錯誤理解的增長（如：機械式的不斷練習測驗，其焦點是放在個別的課程要素，而相對於概念有組織的教學，這些要素係以孤立方式來呈現，不同於前者係根據內容領域背後的大概

念、一般概念，以及對主要問題之探究）。

　　當讀者在思考本章對於 UbD、對於課程是管理學習的系統之 *53*
建議時，可以利用下列章末的資源來指引教師探索，尤其是學習
小組的探究。

　　表 2-1 綜合了本章的主題和大概念，以作為探索課程革新的工
具。表 2-2 提供了一份組織評鑑矩陣，其內容摘要了課程設計的一
般原則，這些原則可從 UbD 擷取出來，然後應用到評鑑任何的課
程管理系統。再一次，UbD 系統方法的效用在於其一般性，以及
能引導有關教育革新的對話──無論教師是否參加涵蓋 UbD 之正
式訓練或單元發展。

表 2-1　建議採用的課程設計原則　　*54*

1. 課程應該被視為管理學生學習的系統，而不是一系列的文
   件。
2. 針對學校及學區的時間和資源限制，課程必須簡潔實際。
   三段循環稽查程序透過下列策略來支持該取向：敦促教師
   決定，哪些知識只需要熟悉（如：若需要的話，可以粗淺
   涵蓋或簡要注意的內容）、哪些是所有學生應該知道和應
   該表現的，以及哪些是所有學生應該達到深度理解程度的
   概念。
3. 州的、學區的課程標準應該成為架構所有主要課程問題之
   基礎。課程是工具，透過它，學習型組織可以解讀標準；
   此外，課程也是要求建立共識、要求詮釋的過程。而教師
   可能不會以相同方式來立即詮釋或解讀標準。
4. 有效的課程會要求，關鍵的綱要式文件（如：範圍和順序
   圖表）不只要闡明學科學習標準（如：哪些是學生應該知
   道的、能夠表現的知識），也要闡明大概念、持久的理解、

表 2-1　建議採用的課程設計原則（續）

主要問題。課程應該按照概念來組織，亦即整體課程、學科、科目，以及單元的架構，應該由一般的要素構成。

5. 課程的概念結構要求，課程的設計及發展者對於下列事項達成共識：水平的要素（如：在某個時段中哪些是應該教的內容）、垂直的要素（如：不同的時段和年級如何連結），以及螺旋的要素（如：跨不同時段、跨不同內容領域要重溫的大概念、主要問題、有用的知識）。

6. 有高度影響的課程模式能向教師顯示，如何處理學科學習標準、大概念，以及重複出現的一般問題，以利所有學生能以漸增的概念理解程度來學習。

55

7. 為促進持續的改進，課程必須向教師示範，如何應用一套評量工具（如：含建構式反應題的正式測驗和隨堂測驗、反省式評量問題、開放式問答題、累積式的專題學習等）來監控學生的學業成就，以及調整教學以適應學生顯現的長處和需要。

8. 課程指引應該反映研究為本的最佳策略，這些策略體現了下列原則：

   (1)確認所有學生知道自己將要做什麼，也知道理由。

   (2)納入能確立目的、表達真實性，以及鼓勵學生參與的引起動機活動。

   (3)允許學生探索大概念和主要問題。

   (4)鼓勵學生自我反省、自我評價。

   (5)增強學生的自我監控、自我評量，以及自我表達能力。

   (6)使用因材施教來因應所有學生的需要。

   (7)使學生從具體經驗的學習轉移到概念的深度理解。

表 2-2 　促進所有學生理解的課程設計與發展原則（組織評鑑）

56

在多大程度上，你的學校或學區的組織策略反映了下列指標？

指標	不明確	有點明確	明確	非常明確
1. 我們的課程和核准過的學科學習標準之間，有明確的連結。	☐	☐	☐	☐
2. 我們的書面課程強調關鍵學科內容領域的大概念和主要問題。	☐	☐	☐	☐
3. 我們的課程目標連結到六個理解層面的其中一個以上。	☐	☐	☐	☐
4. 我們的課程強調，教師需要利用一套評量工具，包括實作任務、反省式評量策略，以及累積式專題學習。	☐	☐	☐	☐
5. 我們的課程強調，學生需要明確知道學習的方向和朝其邁進的理由。	☐	☐	☐	☐
6. 課程內容的優先事項是，學生專注在課程上並且對學習有責任感。	☐	☐	☐	☐
7. 我們的課程強調自我反省、自我評量。	☐	☐	☐	☐
8. 我們的課程強調因材施教，以滿足所有學生的需要，以及使他們所證明的理解提升達到最大。	☐	☐	☐	☐
9. 我們的課程按照概念來組織，而且使學生從教師引導的經驗，漸進轉移到獨立的應用、詮釋、說明。	☐	☐	☐	☐

57

提升學生成就與落實州及學區的課程標準

● **主要問題** ●

1. 教師如何使用 UbD 之原則和策略,來改善所有學生的學業成就?
2. 關於UbD,以及學生精熟州的、學區的學科學習標準之間的關係,哪些是我們已學到的經驗?
3. 教師如何採用UbD之原則和策略,來加強其評量學生進步情形的方法?

　　美國的高利害績效責任測驗──因為最近聯邦通過「有教無類法」而受到強調,已引起學校績效表現低落學區的極大擔憂和驚恐。實際上,所有高階使用者都提到用某種方法盡力解決標準和績效責任的問題。對於和某些準備測驗有關的、被誤解的或有問題的教學策略,他們常常表達出挫折感,他們一致認為,使用 UbD 的原則能幫助學校及學區轉變學生成就低落的、在危機中的 學校。尤其,實務工作者對於教師能如何監控和評量與州的、學區的標準有關之學生學業成就,做出各種建議。也許最重要的是,他們強調透過自我表達、自我調控,以及自我評鑑,使學生在評量過程中扮演積極角色的價值。

　　成功的高階使用者強調,UbD 確保教師從考慮課程目標開始設計的策略,藉此教師能處理期望的結果(包括持久的理解和主要問題)、評量,以及教學之間的重要連結。他們也強調,在監

控及評量學生的進步時，UbD 如何改進教師對於形成性評量和總結性評量的應用，包括六個理解層面。也許最重要的是，這些使用者揭露了，他們如何改進自己在一系列正式的和非正式的評量工具之應用，例如對學生的進步情形建立照片集式的紀錄而非快照式紀錄，以及使用實作任務、反省式評量、訪談、觀察、正式測驗和隨堂測驗，GRASPS 的累積式專題學習等（見第一章，16頁）。

一、因應州的績效責任標準

紐澤西州普林斯頓叉口市葛洛弗初中的社會科視導員 Mark Wise，就使用 UbD 之學校及學區教師所面對的挑戰，有下列反省：

> 我們曾經無法蒐集到資料來顯示 UbD 對學生的學業表現有（影響）。只有少數教師真正實踐 UbD 的理念，（雖然）全州八年級生結業時要接受測驗，但是要判別哪些教師對於學生的學業表現有最大的（影響），是很困難的事。同樣地，我們尚未設計出有效可靠的實作評量工具。然而，UbD 一向非常有助於針對重要的理解事項探索課程標準，因此，我們應用課程標準及其他資源來發展最有意義的，以及在順序上和發展上適當的學習科目。

在評量和評鑑的領域之中，教師面對了驚人的兩難困境，因為 UbD 在全州的應用還處於相當早期的階段，高階使用者普遍指出：關於 UbD 及其在標準化測驗得分上的影響，缺乏縱貫的評鑑

60

資料。然而，他們自己的 UbD 應用經驗則持續證實：這套方法和使學生做好精熟州定標準的準備有密切的連結。例如，田納西州查塔努加市典型公園博物館磁性學校的 Jill Levine、Judy Solovey、Joyce Tatum——分別是校長、課程指導員、博物館連絡員，他們的意見是：

> 我們的 UbD 單元連結到田納西州的課程標準，也連結到 TCAP（Tennessee Comprehensive Achievement Program Tests，田納西州學業成就綜合測驗）所測驗的知識和技能。藉由把知識和技能編入理解事項和實作評量項目，（就如）我們的情況所示，我們知道孤立的事實資訊有其不常見於小學課堂教學的目的和「必要性」。作為每季的部分表現，學生被例行要求寫下關於內容如何、有哪些、為什麼，以及又怎麼樣的紙條，然後將其應用到以理解為焦點的學習。每個學生被要求準備一份電子式學習檔案，以提供理解程度的證據。在這個學年結束時，教師和父母會填寫一份內容關於教學成效的問卷，其中也涵蓋學生學習品質問題。軼事紀錄的證據顯示，這套方法有效用。

　對於學校及學區的致力因應州定標準，哪些是高階使用者提到的 UbD 優點和貢獻？雖然根據每位回答者使用 UbD 模式的時間長短不同，有不同的反應，整體的訪談、焦點團體會談，以及問卷調查之回答，則顯現出下列結論：

1. 教師在對話討論談及的學區及州定標準特性，以及這些標準對學生學習的涵義，其內容深度已經增加。
2. 關於在各科目、在各年級，所有學生應該知道、應該表現，以及應該理解的重要知識是哪些，UbD 的單元發展迫使高

階使用者達成共識。

3. 教師要充分致力於區分重要的和不重要的課程內容要素，尤其是隱含在課程標準中的持久理解和主要問題。

4. 相對於注意哪些要素只值得熟悉而已，如此注意課程主要要素的結果是，使得高階使用者更加著重學生的說明能力和詮釋能力，以及獨立應用所學的能力。

5. 高階使用者普遍認知到，UbD 階段二在強調擴充評量策略工具庫方面的效力，包括逐漸強調學生的自我反省和自我調控。

6. GRASPS 實作任務和專題學習的設計範例（見第一章，16頁），已吸引教師注意到幫助學生從教師引導的教學轉移到實際真實的知識、技能，以及理解事項之應用，這些都隱含在學區的和州定的標準之內。

7. 根據高階使用者所述，許多階段三的教學設計要素透過WHERETO 來強化與課程標準和學生學業成就有關的學校和學區層級的工作（見第一章，17頁）。

62　　　紐約市布郎克斯學區莫理斯高中的英文教師 Patty Isabel Cortez 將使課程標準和重理解的教學達到平衡的需要，摘要如下：

　　　　我們所面對的挑戰總是從這些討論中顯現──指定作業、理解事項（等等），還加上（英語文）和數學科高中畢業會考所提出的非常具體之要求。因此，我們奮力前進，試著在教育工作上盡量應用許多有效的教學計畫。我認為 UbD 是這些有效的方法之一，並且希望繼續為我的同事及最終為學生編寫課程單元。

二、學生的理解和學區的課程標準

　　本研究參與者對於 UbD 的高度使用和教師對學區課程標準了解程度之間的連結，其看法擴充到以下關鍵問題：學生如何有效掌握他們被期望知道、表現，以及理解的知識。回答者提供的軼事型證據包括：學生在學習及精熟標準為本的目標方面有所增進；持續提到學生在深度理解概念方面的進步；學生將所學應用到課堂以外世界的能力已有改進；以及使用反映學校及學區標準的評分指標和評分指引之後，學生的自我調控和自我評鑑能力增加。

　　紐澤西州普林斯頓叉口市葛洛弗初中的六年級英語文教師 Marnie Dratch，把她經驗到的學生實作表現增進情形，摘要如下：

　　　　逆向設計法大幅改善了我的教學實務和學生的實作表現。透過詳細考慮期望的……結果，我能夠確認我要學生在單元課程結束時所理解的概念。考慮到這部分，我就能根據這些理解事項來設計課堂教學，然後教學就會直接符合達成期望的結果所需之技能。

　　就像許多高階使用者一樣，Dratch 把學生在達到規定標準方面的責任感增加，歸因於她的更加努力──使階段一的期望結果成為教學設計的基本焦點：

　　　　學生看到更有焦點、更有組織的單元，接著就能清楚確認每節課的目的。此外，在單元課程開始時，我會把許多已完成的專題作為範例讓學生瀏覽，以利他們清楚理解應達到的目標。

63

另外，專家級的 UbD 實務工作者也肯定，此套系統方法強調學習者是學習過程的核心，是有效的做法。再一次，Dratch 說出了許多高階使用者的看法：

當學生自己找出某個範例專題的特色時，這是有幫助的，因爲學生會對整體的各個部分有清晰的理解。（對我而言，）身爲英語文教師，這意味著：讓學生接觸許多學生寫的和專業級的寫作樣本、引導學生正確找出哪些特點使每個作品成爲有力的（或無力的）作品，以及我必須確認必要的寫作技巧，然後教導這些技巧。學生現在針對每個單元都有一張「地圖」，（這）似乎使他們更熱中於學習。透過界定明確的單元、目的更清楚的教學計畫，以及更熱中的學生，UbD 使教學更有樂趣！

在本章的結尾，表 3-1 列出在高度使用 UbD 的學校及課堂教學中的學生特徵。簡言之，注意到 UbD 對學生學業成就有正面影響（尤其有關於更熟練標準）的高階使用者，傾向於提到：

1. 學生積極投入學習過程的證據增加。

2. 當學生表現出更加理解目前所學知識及學習的理由時，學生的自我效能感會增加。
3. 學生對大概念、持久的理解，以及主要問題的認識擴大，這些是構成課程更具體內容的基礎。
4. 學生參與各階段評量過程的程度增加，包括與各年級的標準、科目目標、單元目標，或所有三者有關的自我監控和自我評鑑。
5. 在有關自我表達，以及表現說明、詮釋、應用等這類理解層面的學習結果上，有更多證據證明學生的能力。

紐約市的 Cortez 將自己從開始實施 UbD 之後，學生如何改變的情況，摘要如下：

自從我們的學區採用 UbD 作為教學計畫以補充（連結到）單元課程之後，我曾建議所有教師開始思考「促進（持久）理解的大概念」。使用 UbD 格式設計單元課程的極重要益處之一是，閱讀的文本、教學活動、（學區的）標準，以及學生的學習結果都呈現出具體的品質。課堂的討論往往有更急切、更熱中的風氣，因為學生傾向願意探討對日常生活而言很真實的問題。這些討論常常更生動、更以意見為本、更放聲高談！

UbD 幫助我根據學生的實際生活，以及青少年生命的真實價值來組織文學的文本。學生的作品往往植根於有真實應用情況的真實問題。在生活中，學生的作品永遠不會提出最後的解決方案，相反地，這些作業是「生活中的模糊地帶」——探索的層面。然而，其學習任務、準則、評量、標準則非常清晰。因此，這些指定作業能鼓勵學生（對）真實情境進行創意思考。

三、使用一套評量工具和程序

65

使用多種評量格式來監控學生的進步情形，以及修正教學並提升所有學生的理解，其價值是高階使用者一再提到，而且連結到有效評量和有效評鑑過程的主題。田納西州查塔努加市典型公園博物館磁性學校的 Levine、Solovey、Tatum 提出下列主張：

　　UbD 已成爲課程發展的統一力量。所有的課程設計工作始於我們要學生理解、提問、知道，以及能操作的知識。實作評量的方式是在期末時總結展現所學，較小的理解結果則在整個單元中呈現。

　　UbD 的最大優點是（它的）多面性。首先，它在設計和評分的階段，提供做出教學決定的理念基礎。計畫的過程會引起教師檢視實務策略，然後對我們要學生理解的事項做出合理的決定。這些程序爲哪些是重要的知識設定優先序，把學習安排成真實生活的實作任務，以及最後決定，當要求學生自評其進步情形、理解結果，以及實作表現時，哪些策略和內容（被）包括在內以幫助學生準備評量。

高階使用者一致認知到逆向設計階段二的價值，尤其，它強調有必要使用下列四項相關評量程序監控學生增進理解的程度，並鼓勵其學業成就：

1. 含建構式反應題的正式測驗和隨堂測驗。透過納入實作本位的評量任務及活動來增進學生的理解，尤其針對學生可能在高利害績效責任測驗中遇到的評量，納入反映其設計原則的評量任務及活動。

2. 反省式評量。使用類似反省日記、思考日誌、「聆聽—思考—互答—分享」活動，以及同儕教練和同儕回應小組，來鼓勵學生的自我監控、自我調控、自我認識。高階使用者提到 UbD 使教師提高對促進學生參與評量過程的承諾，也提到將後設認知的工具用於這些過程會相當有價值。

3. 開放式問答題。教師應編製實作本位的指定作業，以利學生明確知道教師對他們的期望有哪些，作業編製事項包括會用到的評量形式、爲哪些對象設計實作表現、學生要探

討的特定主題，以及這項指定作業的目的。

4. 累積的專題學習。在某個評分時期或成績考察時期之內，至少實施下列評量一次：評量學生獨立應用所學知能的能力，這些知能是從實際情況為本的情境故事、從模擬情境，以及從其他形式的獨立專題學習所習得。高階使用者頗讚賞 UbD 的 GRASPS 範例，認為它既清晰又實用（如：所有的專題學習都應該明確敘述學生的目標、角色、對象、情境、作品及實作表現，以及評量的標準）。

四、因應特殊群體的需要

今日的教師正苦於這項問題：如何使課程標準、標準化測驗，以及全州的績效責任計畫能符合因材施教，以因應個別學生的獨特長處和需要。許多高階使用者曾抱怨，其他教師對於如何最有效幫助學生準備高利害測驗，有輕率的誤解。事實上，所有的高階使用者都強調，「填鴨式練習」的測驗準備方式會妨礙學生的真實理解，也會減損用於促進所有學生深度理解概念所需的時間。他們也強調，UbD 的設計原則代表了一套有效的綜合策略，這些策略係針對以因材施教來因應特殊群體需要，而包括的群體為經過確認的資優生、特教學生、ESL 學生，以及社經地位不利的學生。

當高階使用者討論到特殊群體的需要，以及 UbD 能以哪些方式因應這類需要時，他們常常強調，UbD 系統方法在對所有學生有高度期望的情境中，能夠適應因材施教的需要。實務工作者把 UbD 系統方法詮釋為，要求教師透過持久的理解和主要問題等類似的工具，對實施嚴謹的核心課程標準做出承諾，使其能針對學生的理解──所有學生的理解──而解讀。此外，學生被期望精

67

熟的陳述性知識（事實、概念、通則、規則、定律、原理）和程序性知識（技能、步驟、程序），教師也要以較高階的學習目標來呈現，而這些目標會連結到六個理解層面的其中一個以上。

　　大多數的回答者都表達了對 UbD 所用這類方法的高度重視，其中，UbD 勉勵教師透過連結到深度概念理解的期望結果，對所有學生都設定高度期望，而不只是要學生進行回想知識的學習。回答者也強調，針對階段二的評量設計而採用照片集式評量的價值，該方法即針對特殊群體提供因材施教的對照式想法。事實上，教師以一套嚴謹的期望結果建構了核心課程之後，接著會採用一套評量工具來監控所有學生在精熟這些結果方面的進步。資優教育專家──例如維吉尼亞州諾佛克市諾佛克公立學校的 Deborah Jo Alberti 和紐澤西州新埃及縣布魯斯提特鎮學區的 Lynne Meara，曾提到 UbD 在編製多層式課程和壓縮課程方面的用處：如果教師在單元課程開始時，就判別出哪些是學生已經知道和已經理解的知能，就可以把已經精熟核心課程內容的學生，轉移到學習更加速的、更獨立的專題學習及探索活動。

68

　　因材施教的過程涉及到多層面的評量、持續的監控，以及調整教學以適應個別學生的長處和需要，它也能夠針對在學業上辛苦學習的學生，補足其需求。採用多種的評量工具，使教師能獲得大量的學生學習表現資料，此非單獨使用的快照式測驗所能提供的。與階段一的期望結果有關的個別化評量，也能夠填補教師對多元學生群體的教學工作，包括教導語文能力有限的學生。許多高階使用者認為，UbD 和一體適用的設計法大不相同，因為前者能擴展教師完整掌握學生進步情形的能力。

　　大多數的回答者也指出，階段三的教學設計範例 WHERETO（見第一章，17 頁），包含許多能支援針對特殊群體因材施教的原則和策略。他們把「R」和「T」視為尤其重要的要素。事實上，所有高階使用者都強調，教師必須大幅加重對學生自我反省

和自我調控能力的強調。他們認為，後設認知的要素對於有特殊需要的學生而言，尤其重要。教育的過程變得愈以學習者為中心、愈加重學習者的責任，所有學生實現其固有潛能的可能性就愈大。同樣地，「T」要素提醒教師修正其教學以適應個別學生的長處和需要，而這就是因材施教、因材評量的精髓。

　　大體上，一對一訪談、焦點團體的討論，以及問卷調查，已經確認了以下所列 UbD 和教育特殊需要學生之間的關聯：

1. 普遍需要嚴謹的核心課程標準，以及針對所有學生而非少數學生設定的相關學習結果。

2. 有必要解讀學科學習標準，以確認能引發探究和探索的大概念、持久的理解，以及主要問題，以利所有學生都能深入理解概念。

69

3. 有必要設計及實施因材施教的教學：(1)以評估及找出所有學生的長處和需要；(2)提供多重的評量工具，以利學生能表現與嚴謹的課程標準相關之形成性或總結性學業成就；以及(3)為所有學生編輯一份學習特徵檔（learning profile），以利教師能修正教學及學習經驗，進而適應學生的個別學習風格、學習需要、學習興趣。

4. 有必要超越單層面的測驗方式，不再將其視為監控學生學業成就的唯一方法。

5. 急需要求所有教師接受以運用因材施教為題的適當專業發展課程，以增進所有學生的均等受教和追求卓越成就。

五、長期評鑑研究的需要

　　雖然實務工作者堅信，UbD 的高度實施能夠增進評量與評鑑策略的改善，以及加強學生的自我效能，但他們也表達了共同的

期望，期望能有長期方案評鑑的有效資料來證實 UbD 的價值。州
及聯邦經費支援的計畫和地方經費支援的計畫都日益要求這類資
料。

「在這一點上，我只能說我堅定地認為（UbD 的應用造成學
生學業成就更高），雖然（我）沒有證據，」維吉尼亞州的 Egan
說。同樣地，紐澤西州克倫福市課程與教學助理學區學監 Joseph
Corriero 指出：「迄今，我們沒有資料能指出 UbD 的工作和學生
學業成就之間的連結，但希望透過我們的專業發展學校和西頓霍
爾大學的夥伴關係，來進行研究。」

70

大體上，許多高階使用者對於 UbD 系統方法所表達的支持，
根據的是直覺而非實證資料。德克薩斯州威利斯市社會科課程協
調員 Jan Zuehlke 的意見就是典型例子：「我尚未做出直接相關的
研究，但我相信，在州定測驗方面，UbD 能夠幫助學生，因為
（UbD）要求學生以較高階的理解層次來思考。」

其他的實務工作者提到，他們的州定績效責任測驗之設計和
UbD 提倡的原則之間有差異存在。例如，維吉尼亞州的 Alberti 把
她在績效責任測驗方面體驗到的問題說明如下：

> 自從負責資優教育以來，我發現 UbD 特別適合以高
> 能力學生的需要及特徵為根據的課程和學習經驗，不幸
> 的是，地方的、州定的績效責任測驗的焦點非常狹小，
> 而且令人遺憾地，教學也帶著這樣的特色。

有些回答者也提到，由於 UbD 系統方法的應用歷史尚淺，而
且迄今在學區層級的應用仍然有限，使得評估該系統方法在學業
成就測驗分數上的真正效力，變得很困難。紐澤西州的 Meara 指
出：「我們的標準化測驗還無法成為決定的指標，因為課程單元
目前才剛剛實施。」同樣地，俄亥俄州培瑞茲堡市的教育顧問 Mar-

garet Searle 的意見如下：

> 由於 UbD 不是課程，而是內含在其他計畫中的原
> 則，因此，我覺得很難把學生的分數提高直接歸因到
> UbD。我的確知道的是，在教師開始團隊工作之後，學
> 生分數大幅提高的學區已經開始根據這些原則來思考。
> 我相信，是否以品質控制技術來進行團隊工作，就是造
> 成學生分數大幅增加和小幅增加之別的原因所在。孤立
> 的教師若要顯著提高學區學生成績，會經歷一段困難時
> 期。

加利福尼亞州太陽谷的課程標準及評量訓練師兼教育顧問Carl Zon 也強調下列想法：

71

> 這項研究要產生這類的證據，尚言之過早。和
> Hord、Rutherford、Huling-Austin，以及 Hall*的研究發
> 現一致，教師的應用主要是在機械的、例行的層面上。
> 然而，教師的自我效能則明顯開始改善，因為他們察覺
> 到，由於UbD落實於課程之作用，學生會更加專注在學
> 習經驗上。

維吉尼亞州諾佛克市諾佛克公立學校的特殊暨資優教育科主
任Joan Spratley，關於UbD的應用對其工作夥伴的未來可能影響，
她強調了相同的樂觀看法：

> 這對特殊教育而言是新的領域，但我相信，我們能

---

* 編者註：參考「關注為本的採用模式」（Concerns-Based Adoption Model,
  CBAM），見 Hord, Rutherford, Huling-Austin, & Hall (1987)。

夠把（UbD）的應用連結到針對身心障礙學生提供的優
質個別化教育計畫，以及連結到這些學生有效接受一般
教育課程的能力。對身心障礙的學生而言，有效接受一
般教育課程會造成更大的學業成就。

因此，雖然大體上實務工作者對於 UbD 對學校及學區的評量
評鑑策略之影響，抱持樂觀的態度，但他們很明白，有必要進行
長期的評鑑研究以了解 UbD 的價值。德克薩斯州密蘇里市優質學
習公司資深副總裁 David Malone，說明這類評鑑過程如下：

我們已經發展出來的綜合式前測工具，今年會被教
師採用於學校教學。在今後三年的每個學年結束時，會
對教師和學生進行後續調查。各校分三批將教師送去參
加訓練，先送「早期採用者」，然後是「追隨者」，最
後則是「變革挑戰者」。每一年，教師和學生接受有關
其最近實務現況的調查之後，完成 UbD 訓練教師的績效
排序會和尚未接受訓練教師的排序相比較。

當學區針對 UbD 及其對學生達到課程標準所訂學業成就之影
響，研擬及實施相似的研究時，學區的領導者可能要考慮下列來
自高階 UbD 實務工作者的建議：
1. 發展特定學區的 UbD 使用者剖繪，以利在實證上確認，哪
   些教學行為及評量策略與高度應用及實施 UbD 有關。
2. 找出學區內的示範教師，他們的專業行為反映在學區的
   UbD 使用者剖繪中。
3. 考慮指定示範學校以推介高階的使用者，並以其課堂教學
   作為專業發展和同儕觀摩的示範。
4. 發展實驗型的評鑑研究，在該研究中為開始 UbD 訓練的教

師設定學生學業成就的基準。隨著新使用 UbD 的教師擴展其應用策略和技術，把他們的班級學生進步情形之縱貫研究包括進來，並且和未參與 UbD 訓練或實施的教師之班級學生學業進步情形做比較。

5. 從這些縱貫的研究，推論能證明提高學生標準化測驗表現水準的教育介入措施和教學策略。把這些介入措施和教學策略，強調成和改進學生測驗得分有關的全州教師專業發展活動和策略式計畫之一。

6. 加強行政人員對研究為本策略和介入措施的理解，以作為正式的和非正式的教師觀察之能力基礎。

　　上述這些建議，可以補充學校及學區在策略式計畫和持續改進方面的現行工作。當你為自己的學習型組織反思本章建議事項的涵義和結論時，可能需要參考下列資源。表 3-1 的組織評鑑矩陣，呈現了學生在 UbD 本位班級教學中的特徵，這些特徵是實務工作者指出的高層次理解和高學業成就。

　　視導的模式日益強調：當教師在聚焦於理解而非只是回想知識的學習情境中，強化學生對課程標準的精熟時，學生會有哪些行為。本章的第二套組織評鑑矩陣表 3-2，列出有效評量策略的一般指標，這些指標擷取自高階使用者對於 UbD 階段二的建議。它們可以作為所有學校及學區的實用指南，以因應績效責任的關鍵問題和高利害測驗之需。

74

表 3-1　學習環境能提升所有學生理解時的明顯學生行為（組織評鑑）

在多大程度上，你的學校或學區的學生行為反映了下列指標？

指標	不明確	有點明確	明確	非常明確
1. 所有學生對學習的方向及學習的理由，都能表現清晰的理解。	☐	☐	☐	☐
2. 所有學生都能說明某一課的目的及其關鍵的結構要素。	☐	☐	☐	☐
3. 所有學生都能說明其學習活動和有責任學習的課程標準之間的連結。	☐	☐	☐	☐
4. 所有學生都能澄清及說明大概念和主要問題，它們是學生所學內容的核心。	☐	☐	☐	☐
5. 對於所學的關鍵事實、概念、規則、定律，以及原理（核心的陳述性知識），所有學生都能展現說明和詮釋其重要性的能力。	☐	☐	☐	☐
6. 對於正在習得的技能、步驟，以及程序（核心的程序性知識），所有學生都能展現獨立應用的能力。	☐	☐	☐	☐
7. 所有學生都能說明、分析，以及評估相對的觀點，這些觀點與他們正在學習的有爭議的想法、問題，以及事件有關。	☐	☐	☐	☐
8. 時機適當時，對於正學習到的個人和團體，所有學生都能展現同理心。	☐	☐	☐	☐
9. 所有學生對於被用來評量其學業成就的效標，都能展現清晰的理解。	☐	☐	☐	☐
10. 在評量自己的實作表現，以及與確認的課程標準相關之進步方面，所有學生都能扮演積極的角色。	☐	☐	☐	☐

75

表 3-1	學習環境能提升所有學生理解時的明顯學生行為（組織評鑑）（續）

76

指標	不明確	有點明確	明確	非常明確
11. 對於以多種評量模式來表達學業成就（如：正式測驗、隨堂測驗、開放式問答題、反省，以及累積實作表現為本的專題學習），所有學生都能展現出精熟度。	☐	☐	☐	☐
12. 所有學生都能積極學習；他們能反省、重溫、修正，以及重新思考其增長的知識、技能、理解。	☐	☐	☐	☐

表 3-2	提升所有學生理解程度的評量和評鑑策略（組織評鑑）

77

在多大程度上，你的學校或學區的評量策略反映了下列指標？

指標	不明確	有點明確	明確	非常明確
1. 我們的核心課程包含針對所有學生的嚴謹內容和實作標準。	☐	☐	☐	☐
2. 我們在教學前做課程設計，以利教師能監控所有學生的進步，並且能調整教學以適應個別學生的長處和需要。	☐	☐	☐	☐
3. 我們的評量與課程期望的結果相一致。	☐	☐	☐	☐
4. 在學校或學區中的所有教師都強調照片集式的評量方法，而非快照式的成就評量。	☐	☐	☐	☐
5. 我們的正式測驗和隨堂測驗包括了建構式反應題，其中學生要專注於完成某種限時或不限時的實作任務。	☐	☐	☐	☐

表 3-2	提升所有學生理解程度的評量和評鑑策略（組織評鑑）（續）

指標	不明確	有點明確	明確	非常明確
6. 自我評量是監控學生進步的主要方式，並且包括了持續應用日記、日誌、其他的反省式寫作，以及同儕評論和教練。	☐	☐	☐	☐
7. 代之以指派評量活動，我們的教師採用開放式問答題，這些測驗有明確的格式、對象、主題、目的。	☐	☐	☐	☐
8. 我們的學生有機會獨立進行累積的實作任務和專題。	☐	☐	☐	☐
9. 我們的學生在評量和評鑑的過程都很積極，我們不斷強調，學生要對闡明的標準做自我反省和自我評量。	☐	☐	☐	☐
10. 我們有多種評量、評鑑學生進步和組織效能的方法，實施測驗只代表其中之一。	☐	☐	☐	☐

78

79

4 Chapter 提升學生的理解

1. 教師如何幫助學生理解他們所學習的課程？
2. UbD 如何成為幫助教師因材施教的工具，以因應每個學生的獨特長處和需要？
3. 當反映 UbD 之原則和策略時，標準本位的課堂教學呈現何種樣貌？

　　重理解的教學的意義是什麼？教師如何確保所有學生都能達成這項目標？本章檢視這類問題，其方式是探討 UbD 之教學應用；以及強調：成功的實務工作者要如何內化隱含在階段三 WHERETO 範例的策略和程序（見第一章，17 頁），然後把這些要素重新聚焦在他們的教學策略上。

　　紐約市布郎克斯學區莫理斯高中的英文教師 Patty Isabel Cortez，曾經很有力地強調，UbD 能如何轉換教師對自己在教學設計方面的角色觀和方法應用。她的心聲尤其揭露，關於反省、重溫、修正，以及重新思考對於所教學生和所教內容的理解，UbD 在幫助教師增進這些能力方面所扮演的角色：

　　　　我最近完成了第二個 UbD 單元設計。關於 UbD，我是否學到更多？坦白講，我現在學到更多的是自己的教學方式、課程設計方式、連結課程標準和文學單元及文

本的方式，以及爲什麼我會選擇某些文學作品爲教材。設計這些單元給了我一副放大鏡，讓我能用來自評課堂教學、教學方法，以及學生學習結果。我發現，令人覺得著迷的是，在經過十二年的教學之後，我仍然會熱中於如何及爲何教導某些文學作品。

一、「W」要素：確保學生知道學習的方向、學習的理由，以及被評量的方式

大多數的高階使用者都強調 UbD 在這方面的價值：強調確保所有學生知道某節課或某個單元的學習方向，以及學習的理由。除了確保學生對課程標準有集中的理解之外，學生也需要理解自己在整個教學活動或過程之中被評量的方式——以及如何自我監控、自我評量。

紐澤西州普林斯頓叉口市葛洛弗初中的八年級語文教師 Michael Jackson 主張：

> 主要的和引導的問題對我的教學（成效）最顯著，也對學生的理解和學習表現有顯著的效果。每天，我都必須找出學生進行的各項學習活動之目的，如果無法想出能吸引學生追尋意義的有目的問題，我就必須重新思考這項學習經驗的價值。

82　　本研究的參與者提到幾項他們在教學過程所做的修正事項，並且提到自己從所屬學校及學區的教學策略所觀察到的其他實例。以下是他們建議的某些教學技術：

1. 幫助學生分辨目前所學技能（或教材有關的學習活動）和之前所參與學習活動之異同，來加強學生對單課或單元課程目標的理解。

2. 要求學生以某種格式（口頭的、書面的，或者非口語的報告）摘要所學課程內容，來判別學生是否理解單課或單元課程的目的和目標。

3. 與學生一起設計各種方法，在整個單課或單元的教學過程中，這些方法能增強其個人的努力學習，並且提供認可學習表現的機會。

4. 同時應用語文的和非語文的方式（如：非口語的報告、流程圖、影像、圖像），來呈現某個單課或單元課程的目的及關鍵概念。

5. 把學生分成合作學習小組來開始單課或單元教學，這些小組的任務是承擔共同探究、共同解決問題、共同做決定的某項責任，或者三者都承擔。

6. 幫助學生縮小焦點，來提示學生單課或單元課程的目的。

7. 納入大概念、持久的理解，以及主要問題，避免使教學目標過於特定。

8. 應用師生契約來幫助學生將教學目標應用到個人的需要和經驗，進而促進學生把教學目標個人化。

9. 引導學生產生假設，然後測試這些想法。 *83*

10. 在單課或單元開始時提出問題——尤其是大概念、開放式問題、詮釋式問題，以提示學生大概念，並且活化與單課或單元課程相關的先備知識。

11. 應用提示和問題，來幫助學生聚焦在那些重要的而非不尋常的概念。

12. 在學生開始學習之前，應用前導組體來呈現相關的導入式教材；每個組體都應該以比隨後提出的資訊更高的抽象程

度、更高的普遍性,以及更高的涵蓋度來呈現導入式教材、概念,以及相關的資訊。

13. 應用各種類型的前導組體(如:解釋的、敘事的、瀏覽的)來幫助學生聚焦在重要的概念上,尤其針對那些起初組織不完善或不容易取得的資訊。

二、「H」要素:吸引學生興趣及對學習過程的責任感

今日的教師對於學生在學習過程中缺乏興趣,益愈表達擔憂。高階使用者證實,階段三所依據的教學原則有利於促進學生對學習的參與感和責任感。請思考紐澤西州普林斯頓叉口市葛洛弗初中八年級社會科教師 Scott Berger 的意見:

關於逆向設計,我覺得,(如果)教師和學生能把焦點放在重要的內容上,然後更深入探究,它會有幫助。(就像)使我們連接不同概念和理解事項以使整體概念更清晰的某種鷹架作用,這套方法(從導入的問題到主要問題,再到科目的問題)提供不同的切入點。它也適用於創造實際的問題解決機會,而這有助於吸引學生,以及使他們發現課堂所學和個人生活的相關性。而且,逆向設計的提出是為了易於反省和修正,在過程中設計者會不斷對其效能和結果提出問題。這就是教育的精髓。

紐約市的 Cortez 曾說明,在設計學習活動時,UbD 如何強調提示學生興趣、背景,以及經驗的重要性:

84

　　我設計的第一個單元是根據喬叟的〈法蘭克林故事〉（Franklin's Tale），其內容包括下列理解事項：「婚姻關係是一輩子的過程」和「協商時需要的是尊重、誠實，以及深刻察覺情況」。對第二個 UbD 單元，我就稍微更放得開一些，因為主題是莎士比亞的戲劇！第二個單元的理解事項有：「兒時生長的家庭會影響我們成人後組成家庭的方式」，以及「家庭透過明確的溝通、績效責任，以及制衡的辦法來自我管理」。

　　為什麼我要鑽研這些特定的理解事項？基本上，我相信這些都在探討學生的切身需要。我們「在危機中」的學生不只需要通過（英語文）畢業會考，（同樣）很必要的是，學生需要學習應付伴隨貧窮、伴隨在家庭結構內外產生疏離而來的問題。我覺得很慶幸的是，自己的學術背景幫助我融合經典文學作品和學生每天生活面對的長期急要問題。

下列建議事項反映了高階使用者對於教學設計中的「H」要素所做的一系列建言：

1. 在一節課開始時就吸引學生的興趣和參與，其方式是要學生創造隱喻或類比，以反映他們熟悉及理解本節課主題或問題之程度。

2. 在一節課開始時及整節課中穿插進行交互教學活動，來促進學生的參與學習。

3. 設定規則、程序、符號，以作為視學生達成某些實作表現的標準而給予的表揚和酬賞。

4. 在一節課開始時，要求學生做非口語的報告、實體模型、心智想像圖或統計圖表，以刺激學生的想像，並且在學生需要強化其知識、技能，以及理解時，溫習這些想像。

85

5. 透過某種形式的前導組體、導入式的合作學習互動或活動，來引起學生的學習熱忱。

6. 要求學生進行某種形式的「K-W-L」活動，以利將學習目標和學習過程個人化（如：關於這個主題，哪些是我認為自己知道的？哪些是我想學習的？在這節課結束時，哪些是我學會的知識？）。

7. 透過提出主要問題，再要求學生回答，來提示學生一節課或一個單元的大概念。

三、第一個「E」要素：透過經驗本位的學習使學生做好成功的準備

高階使用者也強調，有必要鼓勵學生探索、體驗，以及探究支撐所學內容的大概念和主要問題。來自紐澤西州 Jackson 的意見是典型的看法：

就我而言，關於為什麼要教某些概念（或）技能，學習經驗的情境化一直是我著手研究的起點。由於一直苦惱於如何為八年級語文課的標點符號體例應用設定目標，於是我開始和同事及視導員進行對話，以討論為什麼他們要教這類的體例。這些討論使我對於技巧和技藝之間的連結產生更大的洞見。例如從「附屬字句如何影響逗點的使用」之類無懈可擊精練但基本上去情境脈絡的問題，演變到更有意義的問題，例如：「逗點的使用如何使句意更清晰？」「標點符號與句子結構的使用或錯用如何幫助作家找出自己的心聲？」，以及「斷句的刻意使用如何舉例顯示少即是多的道理？」

在階段三 WHERETO 教學設計範例中，第一個「E」聚焦在促使學生直接體驗課程標準及內容。這類策略使學生為自行探究核心的知識、技能，以及理解做好準備，這項 UbD 教學設計過程的要素，使研究參與者產生了數量最多的建議策略，列舉如下：

1. 同時以口頭的、語言的和非口頭的、符號的形式，表達概念的異同之處。

2. 使做摘要和做筆記成為教學過程中持續的直接活動；鼓勵學生以更深入的層次來分析資訊，然後根據分析結果刪去、替代，或者保留資訊。

3. 使用各種做摘要的策略和系統方法。

4. 訓練學生有效的做筆記法：混合非正式大綱記法、畫網絡圖，以及組合的技術（如：三欄式筆記法）。

5. 強調抽象（而非物質）形式的表揚，以增強學生的努力；找出用來認可成功的或傑出的學習進步之連續機會，並且應用同儕回應和回饋選項。

6. 一有機會，就透過類似「停頓—提示—讚美」（pause, prompt, praise）策略的持續應用，給予學生個人化的讚美。 *87*

7. 確保回家作業對於課堂活動和學習活動是有意義的補充或擴充，而且有陳述清楚的目的和結果。

8. 建立回家作業的守則：(1)設定及溝通回家作業的辦法；(2)總是強調回家作業的目的及其評量效標；以及(3)變化回饋的方法。

9. 提供適當的持續機會，以利學生練習及復習程序性知識（如：技能、步驟、程序）；可使用的方法例如：(1)有充分訓練的焦點式練習；(2)採用及形塑新習得的知識；以及(3)不斷邁向學生的獨立應用。

10. 透過下列策略，增進學生熟練主要的程序性知識：(1)符合精確度和速度的圖解；(2)設計練習的作業，內容聚焦在複

雜技能或程序的特定要素；以及(3)規劃時間讓學生增進技能和程序的概念理解。

11. 透過例如下列的非語文的報告，鼓勵學生吸收及整合主要的知識：(1)使用圖表組體；(2)建立實體的模型；(3)產生心智圖像；以及(4)畫圖、畫統計圖表。

12. 一有機會，就把身體動作及相關的動覺活動加以整合，以促進學生對課程內容的責任感。

13. 透過合作學習小組的活動，促進學生對關鍵資訊和技能的處理，這些活動：(1)使用各種分組的依據；(2)包括正式的、非正式的，以及基本的小組；以及(3)被持續地、有系統地應用而不濫用。

88

14. 把訓練法整合到提供回饋的過程，這些回饋具有及時矯正的特性，而且針對某項評量的效標。

15. 提供學生足夠的自我評量機會，以及參與同儕回應小組活動的機會，以利學生能練習提出標準參照的回饋，然後為特定的知識和技能類型修正回饋。

16. 鼓勵學生在各種情境下產生假設、測試假設：從自然科學到社會科，再到重深度理解的閱讀。

17. 強化學生以有效的完整證據來支持其聲稱、主張，以及結論的能力，其策略是：(1)提供學生報告及說明其學習所需的範例；(2)提供學生句幹——尤其對低年級學生，以幫助他們闡明其解釋；(3)提供——或與學生一起設計——能針對學生的說明，闡明其評量效標的評分指標；以及(4)為學生創造辯護及口頭說明其假設和解釋的機會。

18. 教導學生——直接地、不斷地——如何理解及回應高層次的問題，包括需要推論和歸納的問題（如：關於人、事、行為、狀態），以及需要分析的問題（如：分析觀點、分析錯誤之處、建構支持的細節）。

19. 應用持久的理解和主要問題作爲提示工具，以建構學生對大概念和一般概念的探究。
20. 將前導組體整合到教學的所有方面，以幫助學生提示自己哪些對保留資訊、對理解很重要。

四、「R」要素和後設認知：反省、重溫、修正、重新思考

有效學習的能力會從學生監控自己學習過程的能力開始擴展，在高階使用者對於 WHERETO 範例下一個步驟的意見中，這項大概念是核心主題。關於自己的 UbD 工作，紐澤西州的 Jackson 重新把重點放在學生反省及修正概念方面，他摘述如下：

> 主要問題和導入的問題，把這位前任小學教師帶回到蘇格拉底式發問的建構式策略。問題的隱喻型措詞似乎高度有效意味著，要學生看待每個經驗就像孩童看待謎題或標本一樣——帶著認知上的好奇心。當面對此問題時：「如果『角色』和『情節』是蜘蛛人和綠魔人誰會贏得大對決？」學生會專注於辯論哪一個故事要素更有力量，但是要謹慎引導學生了解（角色和情節）是互相依賴的，就像蝙蝠俠和羅賓一樣。主要問題和導入的問題是 UbD 的超級英雄。

本研究的參與者針對提升學生反省、重溫、修正，以及重新思考學習過程的能力，找出了各種的策略和工具。就如下列建議所強調的，WHERETO 的「R」要素，很有效地把自己連結到後設認知和理解力監控之類的概念，這些都是平衡的讀寫能力模式（balanced literacy model）之核心要素。

1. 要學生找出在這一課或這個單元中的模式（如：大概念、主題、一再出現的問題、未解決的衝突、觀點），然後根據共同的屬性找出分類這些模式的方法。

2. 幫助學生綜合其學習結果，然後同時透過語文式和非語文式的做摘要法和記筆記法，來增進他們的理解。

3. 幫助學生增進其努力，以及透過類似反省日記、思考日誌、同儕回應小組之類的後設認知工具，來了解自己的進步情形。

4. 利用回家作業作為工具，使學生能獨立應用及改善課堂上已完成的作品。

5. 在單課和單元的結尾，組成合作學習同儕小組，以利學生摘要、反省、重溫，以及修正其對於課程內容的共同看法和結論。

6. 要學生復習大概念、持久的理解，以及主要問題，以作為各課、各單元的結束活動。

五、第二個「E」要素：學生自我評量、自我表達

加利福尼亞州太陽谷的課程標準及評量訓練師兼教育顧問Carl Zon，針對學生自我評量和自我表達的貢獻，綜合了大多數高階使用者的看法如下：

教師必須（使）學生一開始就知道，與累積式實作任務有關的期望標準和實作層次，（進而能）使學生了解他們正在應用所學的知能，或者正在學習會用來做其他事的某些知能（學習遷移）。

　　應用評分指南（給予）學生特定的形成性和總結性回饋，然後（讓）他們有時間應用回饋來自我修正、自我調整，（藉此）使學生以某種方式自我反省，而這能展現對課程內容領域的知識和終身學習。

　　針對強化學生的自我表達和自我調控，高階使用者提出了各種建議，但大體上他們都同意下列策略：

1. 當學生學完一節課或一個單元時，鼓勵他們比較自己的前後進步情形（如：和開始學習之前比較，我現在的狀況如何？）。

2. 要學生評量，在多大程度上他們認為自己已精熟確認的目標。

3. 以作品為本的方式（利用書面作品、日誌、日記），以及對話為本的方式（利用「聆聽—思考—互答—分享」活動、小組回饋時間、同儕回應小組），來幫助學生自我評量；要學生評量，在多大程度上他們認為自己已精熟確認的學科學習標準和實作目標。

4. 要求學生針對熟練單課的、單元的或課程的目標之程度，以書面的、口頭的，以及視覺的形式表達他們的看法和自評結果。

5. 幫助學生把傳統的評分指標應用到自己的學習和同儕的學習，以完成複雜的推理過程（如：系統分析、問題解決、做決定、調查、實驗研究）。

91

六、「T」要素：修正教學以適應所有學生的需要

　　因材施教是教育領域的當務之急。雖然對教師而言，因材施教一詞有不同的意義，但是它通常包含的大概念是，教師必須持續評量及監控所有學生在績效責任標準有關方面的長處和需要。以下來自加州 Zon 的意見——討論到在班級教學中因材施教及評量所面對的挑戰，代表了大多數高階使用者的看法：

92

> 　　教師苦於這些事項：找出大概念；以學生學習方面的可用模式作為指引；考慮到所花費時間，思考涵蓋內容對聚焦在深度學習的問題（少即是多）；從一般的評分指南（評分指標）寫出針對特定任務的評分指南；開始了解範例、標準、指標，以及課堂教學等複雜過程的要素，這些都能提供學習機會、界定實作表現水準，以及說明品質。

　　WHERETO 的「T」要素，要求教師修正學習活動，以適應經評估過的學生需要，高階使用者對該要素提出了各種建議：

1. 利用各種形成性評量（如：正式測驗或隨堂測驗、反省式評量、開放式問答題、實作任務等），來判別學生在開始本課或本單元學習時的程度；幫助學生根據自己具有的長處、需要，以及興趣來自我分類。
2. 就某課或某單元有關的關鍵資訊和技能，與學生一起（個別地、小組地、全班地）檢討其做摘要和做筆記的程序；需要時，以最近出現的議題和問題為工具，復習或重教教

材。

3. 在整節課或整個單元中，找出強化學生努力的方法，然後提供與學生個人進步或最佳學業成就有關的表揚。

4. 在學生獨立預習、練習，以及應用正在習得的知識和技能時，把一對一訓練和小組訓練的機會整合起來。

5. 利用學生對所學教材提出的非語文式報告（如：圖表組體、模型、統計圖表）作為工具，以找出及因應他們顯現的長處、需要、錯誤理解。

6. 平衡合作學習同儕小組的組成，以確保所有學生都能各自表現他們的長處、需要、才能。

7. 利用各種工具和媒體，提供學生關於其邁向精熟本課、本單元目標的進步情形之回饋；讓學生協助設計及應用評分指標和評分工具。

93

8. 觀察及評量學生對教學提示、問題，以及後續探究之回應，以決定學生何時需要特別的協助或訓練，以改正錯誤的理解和所犯錯誤。

七、「O」要素：有效組織教學活動以促進學生的獨立應用能力

　　最後，根據高階使用者的看法，有效的教學和學習需要謹慎地組織學習活動。尤其，這項過程包含了將學生從最初的具體經驗轉移到增加概念理解和獨立應用的程度。依據加州 Zon 的意見：

　　（UbD 之應用結果是，）教師開始做這些事情：（設計）累積式實作任務，這些任務要求學生表現，他們如何做到三項以下選列的標準及指標；進行逆向設計

的單元（教學），以作為累積式任務的基礎；（設計）
考慮到終身學習標準的複雜任務；對自己的實務（變得）
更敏於反省；以及課堂教學及他們本身都對訓練更開放，
以利改進實務。

　　高階使用者一致同意，下列策略和介入措施是組織教學活動
和學習活動的關鍵，以提升學生的學業成就水準：

1. 幫助學生比較，從本課或本單元的開始到結果，他們在理
   解方面有什麼增長？

2. 使用各種形式（如：大綱或網絡圖）為學生編製本課或本
   單元可遵循的地圖。

3. 以「鎮民大會」（town meeting）的形式開始一個課程單
   元，以利學生監控自己的努力，設定優先事項和方法。

4. 組織程序性知識（技能、步驟、程序）的教學，以利學生
   從教師引導的示範，轉移到更獨立的建構式學習和復習，
   後者會累積某種形式的獨立作品或實作表現。

5. 建構課程單元，以利課堂教學能幫助學生轉移到獨立應用
   複雜的認知程序，例如系統分析、問題解決、做決定、調
   查、發明或實驗研究。

6. 幫助學生透過益愈複雜的評量策略，證明其更高的精熟度
   和獨立理解的能力，這些評量策略會累積某種真實的、獨
   立的實作任務或專題。

7. 組織學習活動，以利學生的能力增長，進而以評量證明其
   在以下六個理解層面的獨立應用能力提高：說明、詮釋、
   應用、觀點、同理心、自我認識。

　　本章詳細呈現研究參與者之回答，其內容證明了階段三的教
學策略和介入措施有其價值和範圍。當你為自己的班級、學校或
學區考慮這些建議時，本章結尾的某些資料會有用。表 4-1 將本章

的建議事項濃縮成相當簡短的主題和策略一覽。表 4-2 呈現的組織評鑑矩陣將核心的 UbD 教學原則及策略，延伸應用於一般的策略式計畫和學校改進計畫。

表 4-1　對於重理解的教學的一般觀察所見和策略

1. 促進深度概念理解的教學，要求教師深度理解他們正在教的概念。這項能力能讓教師幫助學生，找出及探討居於課程、學科、科目或單元核心的大概念和主要問題。

2. 當學生有時間討論、探討、探究時，就能藉以自行建構意義而非被告知知識的意義，學生會獲得更深度的理解。

3. 當學生理解內容時，他們會模仿及應用實務工作者所用的思考過程和心智習性。例如，歷史學家會比較第一手的文獻，推論歷史事件之間的互動模式，以及蒐集相關的充分證據來支持聲稱和主張。理解歷史的學生反映了這些相同的程序和習性。

4. 提升學生深度理解的教師會把六個理解層面（說明、詮釋、應用、觀點、同理心、自我認識）整合到每日的課堂教學之中。他們也會決定，在特定的情境或脈絡之下，哪些理解的層面最適合增進學生的理解。

5. 六個理解層面不是層級式或二分法的分類，它們值得同樣的權重，也反映了相同的複雜度。

6. 重理解的教學最複雜、最困難的部分在於，要求教師有能力設計持久的理解和主要問題。在課程內容方面，教師常常被訓練成見樹不見林；因此，他們可能難以看到課程、學科、科目，以及單元的整體面貌。

7. 重理解的教學要求緊密連結課程與評量。當教師修正自己所做之事、修正要學生所做之事，以及蒐集關於學生顯現

| 表 4-1 | 對於重理解的教學的一般觀察所見和策略（續） |

的長處和需要之證據時，教師一直都處於評量的模式之中。

8. 當學生在教學過程能表現下列行為時，就是在發展深度的概念理解：

(1)闡明他們為什麼在做被要求做的事。

(2)從學習經驗之中體驗到責任感和目的。

(3)探索大概念和主要問題，而不是聚焦在被分隔教授的個別知識上。

(4)接受所需要的監控和訓練，以利成功完成所有要求的評量。

(5)證明自我反省和自我評量的能力正在增長。

(6)使教學根據自己表達的需要和興趣來修正。

(7)體驗能整合具體經驗和探究活動的教學，而且學習的注意力放在概念、通則、規則，以及程序上。

| 表 4-2 | 促進所有學生追求卓越、均等受教，以及理解的教學策略（組織評鑑） |

在多大程度上，你的學校或學區的教學策略反映了下列指標？

指標	不明確	有點明確	明確	非常明確
1. 教師強調單元設計，而非個別的或孤立的課堂教學；他們把學生放在教學過程的核心。	☐	☐	☐	☐
2. 學生受到持續的支持，以理解學習的方向、學習的理由，以及會被評量的方式。	☐	☐	☐	☐
3. 學生在關鍵時刻參與能吸引其動機和想像的活動。	☐	☐	☐	☐

| 表 4-2 | 促進所有學生追求卓越、均等受教,以及理解的教學策略(組織評鑑)(續) |

指標	不明確	有點明確	明確	非常明確
4. 教師強調經驗式學習,這類學習使學生能進行探索和研究。	☐	☐	☐	☐
5. 教師鼓勵學生反省、重溫、修正,以及重新思考其知識和增長中的理解。	☐	☐	☐	☐
6. 學生經常有機會自我評量、自我表達。	☐	☐	☐	☐
7. 教學利用持續的監控和評量,修正其教學方法,以適應學生的獨特長處和需要。	☐	☐	☐	☐
8. 教師組織學習經驗,以利學生從具體的經驗進到概念的抽象化,再進到獨立理解,這些進步來自學生證明其說明、詮釋,以及將所學應用到未預期的新情境之能力。	☐	☐	☐	☐

98

5 Chapter 推動示範的專業發展課程及實務

1. 在多大程度上，UbD之原則及策略能應用到教師專業發展的各個層面？
2. 在教師發展及相關訓練的情境中，教師可做哪些事以提升成人學習者的真正理解？
3. 關於範例計畫和專業發展策略方面，UbD之長期使用者如何提供其洞見？
4. 電子式資源如何補充學校及學區在實施 UbD 方面之努力？

　　也許所有高階使用者都一致提到的最重要結論是，在有效推動及維持UbD方面，專業發展扮演了關鍵的角色。與實施UbD相關的最佳專業發展及訓練方法，成功的實務工作者有哪些發現？具體而言，他們的回答集中在三項主要的理解事項：

1. 即使研習時間在一天以上，一次式的訓練課程無法確保 UbD 能在組織中有效應用。 *100*
2. 許多 UbD 的專業發展課程無法涵蓋所有的利害關係人，尤其是學校本位的行政人員和主管機關的課程督導。
3. UbD 訓練課程的有效設計，必須完整明確地連結到學校及學區的其他計畫，也必須透過持續運作的學習小組和行動研究過程來延續。

一、避免教師發展活動的缺失

高階使用者普遍堅信，有必要對 UbD 做出長期承諾，以及避免所謂的監獄訓練（prison-training）模式。事實上，只提供最前面的訓練課程卻沒有後續的活動，在教師的 UbD 工作方面必然只留下很少的長期效果或持續程度。高階使用者大體上也一致認為，小型的、互動密切的同儕訓練比大型的、缺乏互動的訓練更好，尤其在整個單元的設計過程都以積極實務教練及回饋的需求為根據時。

「參與小團體的效果被證明是最好的」，維吉尼亞州諾佛克市諾佛克公立學校的特殊暨資優教育資深協調員 Kay Egan 這樣認為。她的同事——特殊暨資優教育科助理主任 Deborah Jo Alberti 肯定其觀點如下：

> 照我看來，最有效的教師發展活動是那些由有興趣、「有知識」的少數人組成之小組所執行的訓練，這些小組理解建構 UbD 所根據的教學和學習原則。
>
> 遺憾的是，效能最低的（教師發展活動）是那些企圖在各校及整個主管機關「扶立」某人的做法，會如此做是因為各校最初沒有興趣也未採納新方法，再者，對於有興趣也已採納新法的各校，我們尚未能提供必需的後續支持。我會建議，無論以整個學校或個別教師為訓練的單位，在開始時宜先做一般的概覽，而且只訓練一小組承諾推動的人員——他們可能會產生少數的示範據點。要一組核心幹部支援示範據點，會更有助於更深入、更真實地實施 UbD，因為他們曾經深入「鑽研」UbD，然後（又）能發揮教練的作用。

101

本研究的回答者所指出的各種具體教師發展問題，傾向於圍繞著十個基本的主題，這些主題摘要於本章結尾的表 5-1。雖然所列的每個事項代表了某個可能的不同重大問題，而這些問題在教師專業發展方面是一般的，在 UbD 專業發展方面則是特定的，但是所有事項都反映出教師無法應用逆向設計法的階段三。例如，欠缺闡述清晰的、期望的最後學習結果；無法判別附加價值的證據；以及，完全忽略參與者的理解程度，和 UbD 系統方法在日常實務的直接應用。

二、涵蓋所有的利害關係人

高階使用者主張，就像有效的教學設計，有效的專業發展活動必須考慮到特定的需要、背景，以及參與者的先前學習經驗，而且必須應用適當的訓練策略和程序來適應特定學習者的長處和需要。所有高階使用者提到的另一個普遍問題是，每個人在學習型組織中的基本需要，必須被包含在持續的訓練和探究之中。例如，德克薩斯州密蘇里市優質學習公司資深副總裁 David Malone 就強調：

> UbD 的完全實施需要行政人員的支持和採納，以及教師的支持。學校系統中的每個人必須理解逆向設計的概念，包括學校校長在內。如果通盤的計畫和實施並未展開，校長可以像以前一樣繼續完成教師評鑑。在教學上有效應用逆向設計是更為複雜的教學方法，每個人都應該了解其差別。

102

　　有趣的是，大多數的高階使用者曾指出，他們最初設計的UbD 訓練課程所發生的問題是，太依賴「啦啦隊長」型教師的參與和投入，而這類教師無法提供學校本位的後續支持或訓練。應該建立的共識是，各校各個訓練小組的成員組成至少要有一位行政人員和一位教師，而且他們有能力又樂於和同年級或同科的教師分享其經驗。根據許多高階使用者所述，最可行的訓練方式是「差別式（differentiated）教師發展」，它提供了多重的教師發展及訓練機會，以適應特定的個人需要或團隊需要，因此能確保UbD系統方法的切實制度化。

　　例如，紐澤西州克倫福市課程與教學助理學區學監 Joseph Corriero 表示：「我們的學區有心要實施UbD，目前我們提供了研討會、學習小組，以及課程設計小組來支持UbD的推動，而一系列的研討會已經證明非常有成效。」就如 Corriero 所述，確保組織凝聚的過程，也涉及到持續注意UbD和學校、學區其他績效責任計畫及活動的連結：

　　　　在我們緊密連結的所有學區計畫中，UbD 的作用是樞紐。它是長期計畫的一部分，並且廣被接受為較受青睞的計畫模式。關於 UbD 工作在學區整體理念中的核心地位，行政人員必須提出焦點清晰的遠見。

103　　　同樣地，加利福尼亞州太陽谷的課程標準及評量訓練師兼教育顧問Carl Zon，就其所屬學區關鍵利害關係人之參與，以及學區對組織結盟的承諾，說明如下：

　　　　我們有兩個中學教師的同儕訓練小組（總計七十人），他們從事聖塔克拉拉統一學區的單元課程設計、教學，以及評鑑工作。在實施的第一年，我們提供了三

天的訓練課程，然後進行後續的個別訓練。在實施的第
二年，許多首批同僚訓練小組的成員擔任連絡員，以支
援學校層級的團隊工作。我們提供了兩個各四小時的夜
間時段來支持連絡員，也提供一天半的額外訓練及小組
合作時間，而每一所中學也都有足量的學校層級小組合
作時間。中學的行政人員也參加訓練課程，並且被要求
在獲得學區訓練之後，能支援學校層級的工作。

　　大體上，高階使用者建議採用下列策略，以確保在 UbD 實施
過程中學校及學區的利害關係人全都參與：

1. 整合 UbD 和學區的其他績效責任計畫，以確保參與者不會
   認為 UbD 是「另一件要做的事」。
2. 確定所有的同僚訓練小組都包括了學習社群的代表，尤其
   是負責訓練、觀察，以及評鑑小組成員的行政人員。
3. 鼓勵參與者了解 UbD 原則與其他教學、評量，以及專業發
   展計畫之間的連結。
4. 確保漸進發展成持續的專業發展課程之一的各個訓練單元，
   都受到足夠的評鑑，尤其是透過訓練為本位的同僚評論過
   程，而且一有機會，所有教師都能取得範例單元來深入檢
   視，以及作為其課程實施的一部分。
5. 檢視 UbD 的策略在哪些方面符合學校或學區所用的單課或
   單元設計原則和觀察範例。
6. 一有機會，就把學校或學區持續改進計畫的探究焦點，集
   中在高階的 UbD 應用和學生學業成就之間的可能關係。

104

三、因應成人學習者的需求及不可避免的擔憂階段

有經驗的 UbD 使用者也指出，有必要因應伴隨 UbD 之類的有效組織變革催化劑而出現的認知不協調現象。從成人學習者的觀點而言，UbD 系統方法似乎常常引起下列的擔憂事項及連帶問題：

1. 擔憂可用的時間有多少。當我有那麼多事要完成時，我應該如何做這件事？什麼時候我可以找到時間做這件事，而且仍然完成所負責的其他事情？

2. 擔憂課程。這很合理，但是我們的課程充斥著標準，以至於我們必須很快帶過州或學區要求的每一項標準。我們怎麼可能實施重理解的教學？

3. 憂慮測驗的準備。假設我這樣教學卻造成測驗分數下降，會怎麼樣？我必須確定我涵蓋了州測驗的所有內容。

4. 擔憂學生的能力。這對資優生而言沒有問題，但是對缺乏基本能力的學生呢？這如何對他們產生助益？

5. 憂心學生的期望和行為。大多數學生只是要我給他們答案，我如何使他們對探索開放式問題，以及對學習有深度的主題產生興趣？

6. 缺乏對學門或內容領域的深度理解。我曾經被指派教這個主題，但是我在這方面沒有紮實的背景，它不是我的專長領域。當我自己對內容並非真的得心應手時，我應該怎麼處理深度理解？

7. 擔憂新方法、新方式。幾年來，我一直都在為學生隔日的學習活動做計畫。為什麼我不能從學習活動開始設計，然

後再將課程標準納入其中？當學區強調教學計畫時，為什麼 UbD 要這麼刻意強調單元的設計？

8. 覺得自己與眾不同。我是學校中少數幾個受過 UbD 訓練的教師之一，對其他使用舊式或傳統課設計方法的人，我該怎麼辦？

9. 擔憂行政上的支持。我們學校的行政人員沒有人受過 UbD 方面的任何訓練，如果他們其中之一去觀察我的教學，卻不了解學生為什麼在辯論及探索大概念而非接受基本內容的直接教學，我該怎麼辦？

10.「早有經驗」和「這也會過去」。UbD 不是什麼新玩意，一九六〇年代不是就用過同樣的教學方法嗎？我的學區想趕上這股風潮，我怎麼知道這不是另一個「本月最受歡迎話題」？

在準備回應以上的及其他的問題時，推行 UbD 的學校及學區領導者也必須準備好，以利帶領參與者通過無可避免的擔憂和成長階段。就如 Sparks（1999）、Sparks 和 Hirsh（1997），以及 Guskey（2000）所述，UbD 的高階使用者曾嘗試找出 UbD 系統方法的共同學習模式及內化的方式。雖然每個個體都不相同，但是那些邁向高階使用，以及對 UbD 系統方法產生真正責任感的人，通常都會經歷下列的成長階段。

106

(一) 階段一：對 UbD 系統方法和設計原則的初步研究

初次成功使用 UbD 的實務工作者，會很盡力地內化該系統方法的大概念（如：三段循環的稽查程序、逆向設計及其三個階段、六個理解層面、連結到學校及學區其他策略）。在單元設計工作的開始階段，大多數的高階使用者都提到，他們對第一次嘗試的單元設計結果都很滿意，但是對於把 UbD 應用到設計單元課程，

也都存在著想要減少自我意識和想要更自動化的內在驅力。

(二) 階段二：涉及到之前和目前學習的認知不協調

　　高階使用者提到，常常在一開始繼續設計單元時，他們和大多數同儕會無可避免地體驗到，設計的原則、要求成功設計某個 UbD 單元，以及自己過去的專業學習和經驗等三者之間的緊張狀態。引述前面所列的許多擔心事項和問題，UbD 的實務工作者指出，在試著將之前在教學計畫、評量，以及教學方面的訓練，調整成符合重深度理解之教學要求時，他們有某種程度的挫折感。當個體帶著之前在批判思考策略、因材施教，以及其他形式建構式教學方面的訓練或經驗來處理 UbD 系統方法時，他們感受到的艱困或不協調會比較不明顯或不令人困擾。大體上，高階使用者認為下列 UbD 要素代表了初期的大挑戰：

107

1. 使學校或學區的教案設計模式符合及連結到 UbD 所強調的「單元即教學計畫的焦點」。

2. 克服對州定測驗的擔憂，以及在課程標準會顯示在州測驗中的情況下，不再認為有必要均等涵蓋或帶到所有的課程標準。

3. 學習編擬持久的理解事項，來替代將其轉換為不同的目的和目標，而這些理解事項陳述了課程核心大概念和螺旋式再現的洞見。

4. 建構答案真正開放的、詮釋的，以及在理念上吸引人的主要問題，而且處理對於學生抗拒發散式而非聚斂式課程要素的擔憂。

5. 苦於了解自己要如何找出時間，以利學生以 GRASPS 的累積式實作任務和專題任務，來進行探究和獨立學習（見第一章，16 頁）。

6. 致力於調整自己對於 WHERETO 原理的理解（見第一章，

17頁），將其視為教學設計的藍本而非教學計畫的範例。

7. 克服對所有學生普遍應用 UbD 原則和程序的焦慮，這種焦慮衍生自誤認為 UbD 只適用於資優的或高能力的學生，而非低成就或有特殊需要的學生。

(三) 階段三：單元設計要素的技術性綜合

這個階段通常出現於：當實務工作者剛完成第一個單元的設計，並且計畫在課堂上或在專業發展活動的場合實施的情況。他們對於 UbD 系統方法的要素似乎達到適應的基準線，但也同時苦於記得所有的要素，尤其是向他人說明這些要素如何相關、相互連結。實務工作者在說明和應用 UbD 方面的經驗愈多，他們表現的自發程度和自我表達程度就愈高。

108

(四) 階段四：苦於內化及整合主要的設計要素

UbD 使用者在繼續參與伴隨著 UbD 日常應用的後續專業發展活動之後，他們對設計的原則及其在自身專業情境以外的應用，開始獲得更一致的理解。大多數高階使用者認為，這是他們開始和學校及學區其他人合作的階段，以利將整個系統方法──或者例如主要問題的 UbD 關鍵要素，整合到課程設計的更廣焦點領域。尤其，早期的採用者或先驅者往往根據目前組織的規範和策略，把這個階段描述成令人又興奮又挫折的階段。

(五) 階段五：協同合作解決問題、歡慶成功

對那些從新手轉為成功的高階使用者的教師而言，下一個發展階段涉及到協同合作及某種形式的共同探究。無論以正式的或非正式的方法，實務工作者開始分享他們的 UbD 經驗，並且鼓勵同儕給予回饋。這個階段可以簡單到只是兩位教師分享教材，以及分享有關試驗新想法、新策略的建議；或者，它可以包含教案

研究和行動研究的更正式程序。沒有任何一位高階使用者指出，他們曾經獨自度過 UbD 的實施階段，因爲某種形式的共同學習對於維持 UbD、將 UbD 制度化，似乎很必要。

(六) 階段六：以深度理解修正 UbD 系統方法

　　就像所有的教育革新模式，UbD 的成功實施，要求使用者以增進的理解程度和應用程度重新應用其原則及策略。高階使用者指出，隨著實施該模式的經驗增加，他們更有能力說明該系統方法及其相關的研究性原則。他們變得更習慣在自己的專業情境中應用 UbD，然後修正其對該系統方法的理解，以利適應直接的課堂教學或行政需要。最令人驚訝的是，他們指出，自己更有能力詮釋課程、解讀標準，以及幫助學生理解與這些標準有關的實作指標而非只是重述知識。靠著經驗，UbD 實務工作者在該模式有關的自我評量、自我調節能力都有所擴展，就如同隨著自己的專業發展，他們更有能力以同理心理解及分析同儕所闡述的衝突觀點。

(七) 階段七：自動化和連結

　　雖然本研究的所有受訪者繼續朝完全內化 UbD 邁進，但是高階使用者往往以自動化感來描述他們的應用。亦即，他們變得更習慣於直接敘述及應用其關鍵要素。在闡述 UbD 系統方法如何支持、如何連結學校及學區的其他績效責任計畫方面，他們的能力也更爲流暢。這樣的 UbD 內化現象的最佳反映是，高階使用者事實上普遍也是 UbD 的教師培訓者。無論是訓練他人如何把 UbD 應用在評量和課程發展，或者是從學校層級的實務陳述他們自己的成功故事，成功的使用者總是能把 UbD 整合到在組織發展和持續改進方面的工作。

(八) 階段八：擴展到整個組織的實施

　　UbD 高階使用者的最後專業發展階段是，將 UbD 工作擴展到某種形式的組織應用。其範圍可從學校改進委員會的領導者角色到學區層級或州層級的領導，後者包括帶領各小組負責系統化教師發展、績效責任測驗，以及課程和評量。雖然高階使用者強化了自己的 UbD 專業工作，他們也能夠以同理心了解分享經驗和內化 UbD 的需要。他們也一再重述，有必要向教師和學區領導人指出，UbD 可以補充整體的績效責任計畫，而不是可能被視為只是另一個要做的單獨計畫。

　　雖然就像高階使用者的暗示，這八個成長階段是可預測的、無可避免的，但它們不必然是線性的或循序的。所有參與本研究的專家級使用者都提到，他們曾經苦於自行理解 UbD，也難以與他人分享 UbD 的可能益處。這段分享的過程涉及到實施系統方法的關鍵要素——創造一個有志於理解及應用 UbD 的社群。

四、提升學習的社群

　　整體而言，高階使用者主張採用分化的教師發展活動，其對象包括所有的利害關係人，並且連結到學校及學區的其他績效責任計畫，進而增強建構學習社群的想法。具體而言，這樣的社群聚焦在革新的變數上（例如 UbD），視其為改變及改進整體組織文化和運作的催化劑。就如與此一概念有關的研究所述，研究型社群和學習型社群之共同特徵如下：

　　1. 有共同的願景和任務，這些願景和任務都牽涉到改變成人學習者、公民、工作者等學生新角色，進而改進學生學業成就。

111

2. 架構分明的組織結構，這些結構能幫助所有的利害關係人達成共同的願景和承諾。

3. 可評量的短期和長期工作表現目標，以利所有教職員都能監控他們在達成組織目標上的成就。

4. 透過應用以下三組相關的建構程序，使所有教職員積極參與自我反省和自我探究的過程：

(1)學習小組：同意就共同的閱讀資料集及相關資源，進行討論及反思的一群人。大多數的高階使用者引用《重理解的課程設計》（Wiggins & McTighe, 1998）的初期文本，作為與其他教職員一起探索這項系統方法的起點。

(2)研究小組：學習小組的擴充，其中有興趣的成員開始應用所學探索，有哪些可能的方法能把策略、技術，以及原則應用到各種學生學習成就問題和組織的效能目標。

(3)行動研究同儕小組：前兩種小組的合理衍生物，行動研究小組選擇確認的組織問題，然後提出及執行處理這些問題的行動計畫，其策略包括：①形成研究問題；②蒐集和呈現與問題有關的初步資料；③產生及執行行動計畫──這些計畫對處理問題有清晰的目標；以及④根據在行動研究循環過程新產生的評量和評鑑資料，持續修正行動計畫。

112

紐澤西州新埃及縣布魯斯提特鎮學區之教學視導員暨資優教育協調員 Lynne Meara，將其學區建立 UbD 學習社群的方法，敘述如下：

在這一點上，畫分教師發展活動的方式變得有必要。我們的新進教師訓練課程已經就緒，該課程包括了班級經營、教學設計、教學方法、導師職務。有些（教師）接受的實務訓練領域與課堂教學表現更有關，而與課程

設計（和）必須滿足某些人的需求較無關。特殊教育教師也有責任，這些責任可能會使他們遠離課程設計的過程。我們試著適應這些不同的利益團體，但不至於減弱原來計畫的完整性。

同樣地，紐澤西州普林斯頓叉口市葛洛弗初中的社會科視導員 Mark Wise 主張：

　　最有效的（教師發展活動）一向是提供給有動機的、很投入的教師，他們能夠不斷反省自己的實務，以及實施設計良好的 UbD 教學單元。同時，我們利用這個小組來模仿日本的教案研究，其中，小組成員共同演示一節課的教學並且互相觀察教學，接著提供回饋來改善課堂教學，然後再實施修正後的版本。

田納西州查塔努加市典型公園博物館磁性學校的關鍵領導人 Jill Levine、Judy Solovey、Joyce Tatum 等人，對於應用 UbD 來建立研究的社群，表達了相似的意見：

　　最有效的專業發展活動一向是每季的課程設計日，在這一天，我們會設計接下來九週的單元課程。本校所有社會科和自然科的教學都是 UbD 單元，我們也有各季的課程主題，以引導我們透過跨年級的理解事項和主要問題來設計課程，進而整合整個學校的課程。在課程設計日的結尾，我們召開教師會議以分享階段一和階段二的課程計畫，包括準備學期末的教學成果展示。

113

五、電子式學習社群

　　大多數的回答者一致同意，建立電子式學習社群，對於擴充專業的理解和學校及學區使用 UbD，都提供了極大的可能性。如前節所暗示的，電子工具能幫助教師透過學習小組、研究小組，以及行動研究專案對最初的訓練提供有意義的後續活動。這些工具也能加強對新教職員——尤其是初任教師，介紹 UbD 系統方法在增進班級經營和教學設計方面的可能性。

(一) UbD 交流網

　　毫無疑問地，與 UbD 有關，而且使用最廣泛的電子式教師專業發展資源，就是 UbD 交流網——一套提供一系列服務和資源的電子資料庫。可同時透過個人訂閱和學區層級的應用方式取得，該交流網包括了：

1. 各種豐富的閱讀資料和各種 UbD 要素的說明。
2. 列出潛在的和目前的 UbD 使用者可參加的訓練工作坊，並附上工作坊的時間表。
3. 以電腦簡報（PowerPoint）提供 UbD 系統方法和科目地圖的概覽。
4. 與 UbD 及其應用有關的詞彙表。
5. 帶有搜尋引擎的資料庫，該資料庫允許使用者檢索兩千五百個以上的課程單元，包括由 UbD 推動小組成員評閱過的範例單元（由金盃獎或藍帶獎所認可），以及由個人投稿的教案——他們把教案張貼到網站上作為交流之用。
6. 針對線上設計 UbD 課程單元的電子式系統方法，包括可選擇是否要求 UbD 推動小組成員對其教案提供回饋。

114

7. 可由參與的學校或學區設計的課程地圖，以強調和學區的
   或學校的課程綱要一致的可用單元。

高階使用者對 UbD 交流網的使用，已提供了廣泛不同的選
擇。應用 UbD 經驗最多的教師，往往是此交流網最有力的提倡
者，例如，維吉尼亞州亞歷山卓市 UbD 推動小組成員暨前任課程
發展師 Janie Smith 指出：

> 我幾乎在每個工作坊都用上（來自 UbD 交流網）單
> 元範例。此外，在爲期數天的工作坊中，我會嘗試示範
> UbD 交流網的各種應用。如果指導某個小組的時間在三
> 天以上，我會要他們到電腦教室，如果他們是 UbD 交流
> 網的一員，就輸入自己寫的課程單元，如果他們不是會
> 員，就看示範的單元。我自己也會在交流網上寫出自己
> 的單元。

雖然高階使用者認爲，對全學區的和學校層級的課程發展而
言，交流網是有用的工具，但他們往往也表示擔心，其目前內容
組織有某些問題，而且不易進入使用。例如，紐澤西州的Corriero
指出：「有一些教師曾經把教案貼到該網站上並得到回饋。大體
上，我想看到更多教案模式範例被貼出來，以便能應用這些範例
來了解最後的課程設計產品是什麼，尤其是特定學科領域的教
案。」

整體而言，高階使用者一致同意，UbD 交流網有可能成爲有
效的資源，但他們建議持續修正其內容組織。例如，加拿大安大
略省史卡波洛夫市 UbD 推動小組成員 Ken O'Connor 說：「我喜
歡交流網這個想法，但我認爲，它需要加以組織，以利更容易取
得有品質的單元教案，同時也避免得到不完整的和（或）低品質
的單元教案。」

115

(二) 線上專業發展系統

二〇〇二年秋天，ASCD 開放了三個 UbD 方面的專業發展線上課程，對尋求重新認證專業資格的教師而言，每一門課程大約可抵二十一個繼續教育的學習單元。

針對為大多數教職員擴充可用的訓練機會，上述課程似乎有極大的可行性。這種專業發展方式，其策略可為已完成初期訓練的教師提供後續的學習機會，又能為已經長期應用過 UbD 的新到職教師提供初步的訓練。

田納西州的 Levine、Solovey、Tatum 等人，將專業發展線上課程的價值描述為一套對新任教師介紹 UbD 系統方法的策略：「二〇〇三年夏天，當新教師到職時，我們就會使用這些『課程』。我們預期明年的學生報到率會增加，因此更多的教師會被聘進來。」

然而，大多數高階使用者都承認，他們在真實課程方面的直接經驗很少——如果有的話，在個別學校及學區之中的應用經驗也很少。在研究上，他們的反應和回答，範圍從「沒有經驗」、「我們尚未使用過」到「我們曾看過，但尚未使用過」。其他人對於電子式的專業發展，則表達了某種程度的保留態度。例如，紐澤西州的 Meara 主張：「實作的、個人的（專業發展）總是更有效。」

如本章前文提到表 5-1 從高階使用者對 UbD 專業發展活動的意見，摘要列出十大基本課題。表 5-2 的組織評鑑表則摘要本章的大概念，讀者可應用這些理解為本的教師發展指標，來評鑑所在學校和學區目前的專業發展計畫及實務。以上再度顯示，汲取自 UbD 高階使用者的洞見，事實上可應用到各方面的教改和學校革新方案。

表 5-1　在 UbD 教師專業發展方面的十大常見問題

1. 打預防針的謬見：在學年開始時實施教師發展活動，然後永遠不復習，因此，其所做的假定是，第一針就可以搞定一切。

2. 「傳遞知識」（stand and deliver）的缺失：無法對參與訓練的成人示範 UbD 的策略和程序，於是就強調內容的傳遞而非深度的概念理解。

3. 依賴外部顧問的模式：完全依賴外部的專家，而不重視建立內在的能力，這顯示組織無意或無能力建立內部的 UbD 訓練小組。

4. 「原子的、非分子的」方式：無法將 UbD 融入情境中，或無法證明其和其他的學區優先事項及計畫之間的連結，其結果是，UbD 的原則及策略似乎是孤立的或獨特的。

5. 「計畫」的謬誤：把 UbD 介紹成教師必須負責的另一個計畫，而非闡述研究為本的最佳策略之通用系統方法和語法。

6. 孤立者的兩難困境：單獨強調 UbD 的要素，不將其置入整體理念和教學設計方法的情境之中——這些方法能促進學生的理解。

7. 忽略後續活動的重要：省略教師測試 UbD 要素的機會，以及省略邀請幫助改進課堂教學的同儕給予支持和訓練。

8. 忽視同儕評論的效力：無法示範同儕評論，以及無法將其整合到所有的專業發展活動，因此造成使用者不了解如何評鑑及修正單元課程的設計。

9. 無法將行動置入行動研究中：把專業發展完全看成是未納入實用策略的訓練過程（如：學習小組、研究小組、行動研究同儕小組），而這些實用策略已被證明能維持變革，以及促進參與者的責任感。

表 5-1 在 UbD 教師專業發展方面的十大常見問題（續）

10. 忽略了服務對象：只對少數有限教師提供訓練，或者由於無法吸引行政人員的積極參與，而忽視吸引所有利害關係人參與 UbD 專業發展過程的需要。

119

表 5-2 促進教師責任感和深度理解的專業發展（組織評鑑）

在多大程度上，你的學校或學區的專業發展反映了下列指標？

指標	不明確	有點明確	明確	非常明確
1. 專業發展是持續的、內含在工作中的活動；而且因應參與者的特定需要。	☐	☐	☐	☐
2. 教師發展活動強調參與者的理解，而非只是「知行分離」（knowing-doing）。	☐	☐	☐	☐
3. 透過初步的訓練和適當的後續活動，使參與者應用訓練所得知識和技能的能力有所增長；他們在專業實務中展現了一個以上的理解層面。	☐	☐	☐	☐
4. 專業發展課程和策略強調了協同型學習社群的需要。	☐	☐	☐	☐
5. 在介紹新的訓練內容之後，各種學習小組是較受青睞的訓練模式。	☐	☐	☐	☐
6. 參與者獲得持續的機會，來針對訓練的內容和策略進行探究和探索。	☐	☐	☐	☐

120

表 5-2 促進教師責任感和深度理解的專業發展（組織評鑑）（續）

指標	不明確	有點明確	明確	非常明確
7. 專業發展通常透過某種行動研究的模式來累積；其目的在探索，關鍵訓練要素的應用會如何影響學生的學業成就。	☐	☐	☐	☐
8. 我們有能力決定自己的專業發展訓練之「加值」程度，尤其是它們對於學生學業成就、教師績效表現，以及組織產能的影響。	☐	☐	☐	☐
9. 專業發展活動的設計在幫助參與者循著可預測的擔憂階段前進，從最初的知識獲得到最終的內化及獨立應用。	☐	☐	☐	☐
10. 透過協同合作和持續評鑑訓練方案，我們修正了專業發展的活動和策略，以確保訓練達到最大成效、達到參與者的理解。	☐	☐	☐	☐

121

6
Chapter

改進職前培育和
教師導入計畫

● 主要問題 ●

1. UbD 如何幫助新教師促進學生理解知識，而不只是回想知識？

2. 對於 UbD 和師資職前培育之間的關係，我們學到什麼經驗？

3. 教師如何將 UbD 整合到設計，及實施有意義的師資職前培育課程，和教師導入課程？

　　今日學校及學區面臨的當務之急牽涉到，使教師在接受職前師資培育之後能成功面對多元的學生群體。由於嬰兒潮世代的大量退休人口和許多地區的教師高離職率，學區必然面臨雙刃劍的現象：在遞補大量師資時卻遭到批判，這些批判者要求更嚴謹的績效責任制，以及根據更有企圖心的課程標準提高學生學業成就。

　　本章強調，UbD 在不同情境下可以補充師資職前教育和教師導入歷程的方式。針對幫助接受培訓中的教師或新聘教師更理解、更應用研究為本的策略——尤其在設定有效的學習結果、評量學生的理解、實施重理解的教學等方面，有經驗的 UbD 使用者分享其洞見，並建議方法。高階使用者也說明了師徒制（mentoring）在新教師導入過程中的角色，包括：對新聘用者而言，需要做些什麼以理解學區的要求和政策、維持積極的態度、順利教導各種學生，以及內化課程綱要及指引的涵義來提升學生的理解和學業成就。本章最後部分應用六個理解層面（說明、詮釋、應用、觀點、同理心、自我認識）來架構師徒制和同儕訓練的各方面程序。

一、概覽：UbD 與新進教師培育

　　問卷調查的參與者、焦點團體成員，以及接受訪談的對象都指出下列有關 UbD 和新進教師導入計畫之間的關係，並且提到師資培育的跨機構夥伴關係形式：

1. 在許多地區，新教師似乎在符合 UbD 信念的研究爲本最佳策略方面，已接受過某些直接的訓練，包括認知學習理論、建構教學的原理、與大腦運作協調的教學，以及多元智能和學習風格。

2. 除了有更多證據證實師資培育因應上述這些議題之外，許多新教師似乎對專業上的要求和期望感到不知所措，尤其是那些沒有證照或正在轉換生涯的教師。

3. 新進教師被下列幾項幾乎遍存於今日整個教師專業的問題，搞得其焦慮情況更複雜，這些問題包括班級經營的挑戰，以及要幫學生準備高利害績效責任測驗。

4. 大多數新進教師接受過教學設計與發展方面的訓練，但是，許多教師在單元設計方面的經驗很少——如果有經驗的話，尤其是一學年整個科目的長期計畫。

5. 雖然新進教師對當前的教學策略有點熟悉，但他們需要在下列方面有更多的專業發展機會：應用一套評量工具和因材施教的策略，來提升不同學生群體對課程標準的精熟度。

6. 最有效的師資培育和教師導入計畫係經過跨機構的設計，包括對新聘教師提供師傅指導，以及對師徒雙方都實施有意義的專業發展活動。

二、師資培育課程與新進教師的新需求： 現況如何？

　　鑑於對合格教師的需求，在教師大量離職時期日益增加，使用 UbD 的實務工作者對於各州大學校院的師資培育課程有哪些意見？也許可預測到，他們的答案會很混雜。本研究的許多參與者斷言，他們開始看到證據顯示，這些培育機構現在更注重研究為本的最佳實務。同時，他們承認，新聘教師都有許多相同的問題和令人擔憂之處，包括如何使他們自己適應教學的文化、如何有效經營班級，以及如何處理學生益愈多樣化的需要。

　　高階使用者也主張，學校很少把 UbD 視為新進教師的緊急優先事務。例如，賓夕法尼亞州連宏市納夏米尼學區的（幼稚園到高中階段）社會科暨課程與教學部主任教師 Frank Champine 表示：「我們把新進教師的學習焦點先放在生存的技能上。在我們的導入計畫中，教學和班級經營的要素是主要的（強調重點）。目前，UbD 的學習保留給更有經驗的教師。」同樣地，賓夕法尼亞州巴克斯郡 UbD 推動小組成員及前任課程發展師 Elliott Seif 曾說明：「有效的整合……大多數學區覺得，即使少了讓生活更複雜的 UbD，新進教師要學習的也已經夠多。通常（學區）會等到他們任教的第二或第三年再介紹 UbD。」

　　根據高階使用者所述，新聘教師在下列方面普遍需要具體的支持：

　　1. 理解規則、程序，以及學校的作業方式。

　　2. 處理班級經營和學生紀律的問題。

　　3. 學習處理一系列的學習問題，包括與特殊群體有關的問題，例如資優生、特教生、ESL 學生、社經地位不利的學生。

125

4. 適應學校即學習型組織的規範和風氣，包括找出自己在學校的社會秩序、次團體，以及行政期望方面的路徑和連結。

5. 克服進入任何新專業都會產生的孤立感和焦慮感，尤其像當前教育界一樣有挑戰性的專業領域。

好消息是，認為有必要把類似 UbD 的系統方法納入師資培育和教師導入計畫的看法，似乎在增加中。科羅拉多州綠林村市 UbD 推動小組成員及大學教授 Judith Hilton 說明了這類計畫的其中之一：

126

> 我負責為科羅拉多州的變通授證方案協調大學開設的課程，這項課程已經引領六百個以上有學位但沒有教學執照的人進入教育界。我們利用 UbD 作為他們的「教師工作樣本」教材（Teacher Work Sample，符合證照要求的綜合學習單元）。我訓練資深教師做同儕導師，由他們來教實習教師；（實習教師）由學校的行政人員評鑑，（並且）從學校師傅——同儕導師——和教育部經費聘請的教練得到支援。實施結果顯示，這些實習教師的表現和傳統方式訓練的教師一樣好，甚至更好。教師留任率提高了，也有更多的非白人教師參與課程，而目前我們正在蒐集關於學生學業表現的資料。大多數教師的服務地區是學業表現令人不滿意的或很差的市區學校，因此，把科羅拉多州的州定測驗用於貧窮、ESL（選課率高）、教師流動率高，以及有其他無法控制變數的地區，再度成為一種挑戰，但是我們必須立即採取行動，因為本學區已確定獲得額外的兩百萬美元補助。

當我們反思，進入教學專業領域的個體其普遍的需求時，高度使用者通常建議，把下列的 UbD 原則和策略納入新進教師的訓

練和導入過程：

1. 介紹解讀課程標準的概念，內容包括應用三段循環的課程
   稽查程序來決定：(1)哪些知能值得熟悉；(2)哪些知能是所
   有學生應該知道的、應該表現的；以及(3)哪些知能值得所
   有學生理解，將其同時作爲師資培育和新進教師導入訓練
   的一部分。

2. 強調下列的重要性：使用提示策略以幫助學生理解所學知
   能的目的，以及理解能統一較小課程要素的大概念。師資
   培育者和新進教師的訓練者，都能從參與發展及使用主要
   問題和持久的理解事項獲益。

3. 幫助師資生和新聘教師了解，如何使用六個理解層面——
   說明、詮釋、應用、觀點、同理心、自我認識，來因應及
   監控學生在理解上的增進。

4. 強調有必要使所有教師的課堂教學都有均衡完整的評量程
   序，包括使用照片集式的評量資料——取自以建構式反應
   題編排的正式測驗和隨堂測驗，使用反省式評量（日誌、
   日記、同儕回應小組），使用開放式問答題，以及累計學
   生表現的實作任務和專題學習。

5. 強調使用WHERETO要素（見第一章，17頁）作爲設計單
   課和單元教學的指南，並且強調，透過精心設計的教學活
   動把學生置於學習過程核心之重要。

127

三、教師導入計畫與 UbD

　　爲因應前節所提到的問題，許多學區現在把 UbD——或至少
它的某些原則和策略——納入爲幫助新聘教師獲得成功的努力之
一。例如，紐澤西州克倫福市課程與教學助理學區學監 Joseph

Corriero 宣稱：「所有新進教師都要學習 UbD，這是新進教師訓練計畫的一部分。他們也會在課程指引中看到 UbD。」同樣地，加利福尼亞州聖地牙哥市聖地牙哥郡教育局的課程與專業發展科主任 Tony Spears 表示：「本郡的『初任教師的支持暨評量』（Beginning Teacher Support Assessment, BTSA）計畫，已把 UbD 的程序用於該計畫的課堂觀察、教案研究、教師專業發展。」

就像認為 UbD 是教師導入計畫之要素的所有高階使用者，紐澤西州新埃及縣布魯斯提特鎮學區之教學視導員暨資優教育協調員 Lynne Meara 強調，新聘教師需要的是長期的而非速成的教師發展方式：

128

在暑期，非長聘教師要參加三天的教師發展活動及在職訓練（課程）。第一年的初任教師要接受學區的傳統歡迎方式，由師傅全程給予支持。第二年及第三年任教的教師要參加同時包含 UbD 和教案研究的研習，這類研習是由教師指導員和課程方面的教師發展小組共同提供。這些方式能讓教師有時間和機會學習 UbD 的程序，並應用於發展某些教學計畫。雖然這套系統方法對他們而言是新的，但是在觀摩教學和會議討論之中已經認識其用語。

田納西州查塔努加市典型公園博物館磁性學校的 Jill Levine、Judy Solovey、Joyce Tatum 等人，強調了許多高階使用者的論點，認為新進教師需要在正式單元設計方面的專業發展活動：「新進教師會和同年級同僚一起接受兩天的 UbD 訓練，以便改善和發展目前的單元課程。同年級教師每年負責的 UbD 單元在四到六個之間。」

這部分的教師導入計畫反映了高階使用者的普遍看法，他們認為新進教師在設計教學任務和教每一節課方面，需要更多的支持和協助。具體而言，高階使用者建議，教師導入的過程應納入下列主題：

1. 有必要理解及應用研究為本的最佳策略。教師導入計畫中的專業發展，應該持續強調我們對教學所知的最佳知能，尤其是提升學生的理解而非知識的回想。UbD 反映了與下列相關的當前理論和研究：認知學習理論、建構式教學原理、與大腦運作協調的教學、提示工具和前導組織的效力，以及以學生為優先的重要。

2. 有必要計畫長期的而非短期的期望結果。現在，教師可以從 UbD 強調的逆向設計及其「有效教學始於先考慮目的」之主張，受益甚多。因此，專業發展計畫應該要幫助新進教師理解，他們必須教哪些課程標準，以及如何解讀這些標準。其過程應該包括，不斷致力於判別某項標準的哪些方面需要學生深度理解概念，以及可以在「知識－技能」層次教導的是哪些能力。

3. 期望的結果、評量，以及教學之間的關係。新進教師需要支持，以理解課程是用來監控及加強所有學生學習的管理系統。因此教師導入計畫應該支持新進教師探討：確認的學習結果之間的深度連結、評量學生在這些結果方面的進步情形，以及重理解的教學之效力。

4. 透過研究單課計畫、單元教案而協同合作之價值。教師現在應該定期參與單課和單元的設計活動，這些活動的目的在幫助他們評論自己與同儕的單課計畫和單元教案。透過同儕評論和學習小組的討論，新進教師逐漸能理解和應用有效的教學設計策略，而這些策略聚焦在長期的而非「想到就做」的教學計畫。

129

5. 有必要因材施教以適應所有學生的長處和需要。在因應多
元學生群體的需要時，新聘教師可從研究 UbD 的設計和實
施方法而獲益。例如，所有學生都必須了解學習方向、如
何達到學習目標，以及在學習過程中被評量的方式，因此，
用心專注學習的學生在自己和所學內容之間必須要有清晰
的連結感。在學習過程中，以學生為中心的經驗本位學習
和探究導向學習，比講授式、教師主講的行為有效得多。
同樣地，學生在自我調整和自我評量方面必須扮演積極的
角色。最後，教師必須監控學生的學業成就，然後調整教
學以因應個人的和小團體的需要。他們必須確保，所有學
生都能邁向獨立應用知識和技能，並且增進對課程的深度
概念理解。

四、有效的跨機構教育夥伴關係和師徒制計畫的特色

最後，高階使用者認知到跨機構夥伴關係的價值和效力，這
類夥伴關係涉及大學校院和社區機構與學校、學區緊密合作，以
幫助所有學生有效學習。例如，俄亥俄州培瑞茲堡市的教育顧問
Margaret Searle，曾說明這類合作方式的成效，尤其當強調的重點
是師徒制指導的過程時：

> 州層級的訓練計畫，允許各學區送出一隊六人的小
> 組去參加核心的訓練（課程）。這些小組要包括新進教
> 師、特殊教育教師、一般學科教師，以及一位行政人員。
> 這些成員會成為領導小組，以利回到學校實施至少一部
> 分的所學知能。

賓夕法尼亞州荷賽市教學指導員 Angela Ryan，曾說明其學區的教師導入計畫及其如何反映 UbD：

> 從二〇〇三年八月開始，我將會帶領所有新進教師參加三天的訓練（工作坊），這項研習要求所有新進教師參加，而且根據事先要求之課程標準驅動的單元設計研習來辦理。這些教師編寫的所有單元都是以 UbD 為依據，經過一段時間之後（隨著新進教師繼續加入本學區的工作，以及繼續參加這個工作坊），我們將會建構以 UbD 編寫的課程，並且建立教師之間的課程一致性。賓州州立大學的教育學院已經採用 UbD 作為課程設計的主要強調重點。由於本校和賓州州立大學有特殊的夥伴關係，所有的實習教師——尤其是在本校實習者——都要接受 UbD 訓練。賓州大學的一部分要求是編寫一個 UbD 本位的單元課程，我就是在幫助實習教師達到這項目標。

雖然高階使用者對這類跨機構的夥伴關係有不同的經驗，但是所有人都認知到這類合作方式的潛在價值和需要。然而，也有許多人同時指出下列挑戰，以及學校和學區教師在建立這類的夥伴關係時，必須處理的障礙：

1. 許多學校和學區的需求增長，使得參與的組織對於跨機構夥伴關係能夠達成的目標範圍和可能的限制，必須有清晰的認知。

2. 資源有限的極真實問題——就經費和人員二者而言，常常造成夥伴關係成了參與組織之間的一系列會議，卻少有持續到底的或具體的成就。當這些組織和學校或學區的關係變淡，跨機構的協同合作會變成公共關係的活動，而非改變組織實務和增進組織成就的策略。

131

3. 可能存在的組織間文化衝突情形，是由於不同的組織規範、組織標準，以及組織實務所引起。學校的作業方式常常按照時間表及截止期限進行，其節奏會比大多數大學校院更加速，但比大多數的企業組織夥伴更慢。

4. 為跨機構夥伴關係決定期望結果，其複雜度會造成學校教育人員強調高利害績效責任的測驗結果。同樣地，大學和企業組織夥伴會苦於了解，他們能如何直接做出改進測驗分數的貢獻。

5. 在評估跨機構夥伴關係實際增加多少價值時，可能會出現困難的情況，尤其當參與的組織有許多不同方式來評鑑進步和決定基準時。鼓勵跨機構間的溝通和協同合作是一回事，確認這類活動如何產生實質的、實證的結果又是另一回事。

由於這些可能的障礙，以及新進教師在進入這個專業時所面對的極真實問題，當調查研究的參與者討論 UbD 及其在各自的學校和學區之應用時，師傅的價值和重要性成為一再出現的主題。就如俄亥俄州的 Searle 所稱：「（我們實施此計畫的結果是，）新進教師總是跑過來說：『感謝上帝！現在我知道該做什麼，以及誰能幫助我。』」

就像許多高階使用者參與的計畫，她所說的長期教師導入計畫能確保教師在最初三年的教職生涯中，至少能從一位師傅那裡得到一對一的支持。

有效的師徒制計畫本來就反映出，學生是學習過程之核心的 UbD 原則，以及教師應以教練和諍友的角色支持同儕的課程設計。新進教師在學習時──尤其在任教的前三年，應該思考他們必須知道、必須表現，以及必須理解的知能之範圍和複雜度，包括：

1. 所教課程的要求，包含課程標準、課程目標、實作表現指標、評量的要求、教學的應用等。

2. 特定學生及其學校所服務的整體學生之背景、長處、需要。

3. 所在學校和學區之政策、程序、策略。

4. 班級經營的工具和策略，包含使學習過程對所有學生而言都有相關又有意義。

5. 有責任要達成的標準，包含會用來評鑑自己的專業標準，以及能促使學生達到的課程標準。

高階使用者所描述的師徒制計畫，大體上反映常見於有效計畫的研究為本之最佳策略，這類計畫具有持久的追蹤紀錄和 UbD 課程設計原則。其一般的策略包括下列各項，但不限於這些：

1. 根據稱職教師表現的證據和理解課程內容的證據，來評量新進教師的師傅。

2. 對師傅的角色期望有清晰的闡述，其角色包括就班級經營、學校政策與實務，以及處理課程與教學的設計方法和實施方法，提供諮詢和教練。

3. 能認知到，師傅的角色是教練和知己而非評鑑者。

4. 撥出長度合理的時間，以確保師徒能經常見面，而不至於對其他的專業職責造成過度的限制或要求。

5. 從教師留任率及其在專業上的成效和工作滿意度，來評量師徒制計畫的效益。

高階使用者建議，以下列 UbD 原則作為有效師徒制計畫的適 *134* 當要義，適用範圍包括跨機構的夥伴關係在內：

1. 從考慮課程目的開始，以建構核心課程。就像有效的教學實務，有產能的師徒制計畫要求師徒雙方和他們所代表的組織，能定出明確的期望結果。例如，對雙方而言，哪些因素能決定此師徒制計畫是否成功？哪些是師傅應該幫助徒弟熟悉的知能？由於師傅的教導的結果，哪些是徒弟應該知道，以及更有效能表現的知能？哪些是師徒雙方由於協同合作和共同探究，應該更深入理解的知能？

2. 對專業標準達成共識。作為先從目的開始考慮的部分歷程，在解讀及探討徒弟所負責的專業能力方面，師徒雙方必須互為夥伴。透過共同分析徒弟在夥伴關係開始時的狀況，以及師徒制能如何有助於改善徒弟的工作表現，師徒雙方可以定出努力的方向，以確保徒弟在專業上的成功。

3. 利用六個理解層面來指引徒弟的成長和專業精熟度。如同教師可以利用六個理解層面來決定學習目標及伴隨的評量，師徒雙方也可以利用它們，一起監控自己的進展。例如，師徒制如何幫助新進教師更擅長在教學與評量方面說明及應用研究為本的最佳策略？在詮釋需要介入措施、教練，或者學門特有策略的學生行為時，徒弟要如何改善？在多大程度上，師傅的指導能幫助新進教師分析學生所表達的不同觀點？徒弟對所有學生的同理心──尤其是對那些顯現出問題或挑戰的學生，因為師傅的指導而增加了嗎？最後，師傅的指導如何有助於增進徒弟的自我認識能力，而這些能力反映在自我評量和自我調整的程度增進，以及能自動反省、重溫、修正，以及重新思考策略和態度？

4. 對於評鑑師徒制夥伴關係及其對於徒弟的專業表現之影響，採納真實的照片集評鑑方式。就像優質的教學，優質的師傅會鼓勵學校使用一系列的評鑑工具。師徒夥伴關係應該包括，對雙方提供自我反省和自我評量的機會。它也應該包括一套的實作任務──焦點從單課的和單元的設計到課堂的認知訓練，而這些任務可以成為監控及評鑑進步情形的基準。實務教練的範圍可以從指導編寫單課計畫，到共同教一節課或進行部分教學活動，再到幫助徒弟理解及實施新的教學實務和策略。

5. 應用在課堂上有用的策略以促進徒弟的成功。再次，WHERETO（見第一章，17頁）在指引及構成師徒的共同

討論和教練活動方面，會有莫大用處。透過自然產生的觀察、師傅的回饋、徒弟的自我反省等，師徒的夥伴關係可以使徒弟對於努力的方向、設定該方向的原因，以及自己在專業情境中會被評鑑的方式等，增進理解（「W」要素）。師傅的指導會充實徒弟的個人效能和專業效能，「吸引」他們對教學過程的興趣和承諾（「H」要素）。師傅的指導也能藉由強化徒弟對其課堂教學經驗進行由探究所驅動的分析，而使其做好成功的準備，進而維持專業成長和承諾（第一個「E」要素）。成功的師徒關係對於幫助新進教師反省、重溫、修正，以及重新思考（「R」要素）其態度、教師策略、與學生的關係等，都有莫大的可能性。師傅的指導過程也能擴充徒弟的自我評鑑能力，以及表達或展現其增長中的專業知識、技能，以及理解之能力（第二個「E」要素）。成功的師徒制使研究參與者能夠調整（「T」要素）專業發展和教練的機會，以利充分發揮成為教師的潛能。最後，師徒制能幫助徒弟從基本的教學知識和技能，邁向概念理解和獨立應用的程度不斷提升（「O」要素）。

136

　雖然本研究發現，在許多的學校和學區，UbD 本位的跨機構夥伴關係還在起步階段，但是在提升專業知能和理解方面，仍然被證明有極大的成功。對於改善新進教師的專業知能，以及為經驗豐富的專業者提供真實的成長和充實實務的機會，師徒制有特別令人驚奇的強大意義。當你考慮師資培育課程在你自己的學校、學區或相關學習型組織中的角色時，你可以應用表 6-1 來開始或充實專業的對話；此外，表 6-2 摘要了有效的師徒制計畫之關鍵要素，這些要素反映了 UbD 的原則和大概念。

表 6-1	促進新進教師成功的師資培育和教師導入計畫（組織評鑑）

在多大程度上，你的學校或學區的師資培育和教師導入計畫反映了下列指標？

指標	不明確	有點明確	明確	非常明確
1. 我們鼓勵跨機構的夥伴關係，其目的在確保進入本校或本學區任教的教師受到成功任教的訓練。	☐	☐	☐	☐
2. 我們的夥伴關係能針對教師的專業水準和教師留任率，強化受共識驅動的期望結果。	☐	☐	☐	☐
3. 我們的跨機構夥伴關係加強了我們的承諾，使教師深入理解所教內容，而確保所有學生在課程標準方面達到深度的概念理解。	☐	☐	☐	☐
4. 為跨機構夥伴關係的一部分，我們有一套綜合的評鑑計畫，用來監控和評鑑成功合作的程度，以及新聘教師的留任率。	☐	☐	☐	☐
5. 評鑑計畫能使我們判斷每一種項夥伴關係的附加價值，包括每一種關係如何影響學生的成就、教師的產能，以及組織的效能。	☐	☐	☐	☐
6. 我們採納各種形成性和總結性評鑑過程，因此產生了一套關於夥伴關係成就的專業紀錄檔案。	☐	☐	☐	☐
7. 我們的跨機構夥伴關係包括，積極接觸提供師資職前培育課程的大學校院。	☐	☐	☐	☐

表 6-1	促進新進教師成功的師資培育和教師導入計畫（組織評鑑）（續）

指標	不明確	有點明確	明確	非常明確
8. 由於我們和大學校院在師資職前培育課程有夥伴關係，因此新進教師清楚理解我們對於單課和單元課程設計、班級經營、評量與評鑑，以及教學實施方面的期望。	☐	☐	☐	☐
9. 我們的教師導入計畫使新聘教師在有效使所有學生成功學習方面，能理解學校的或學區的期待。	☐	☐	☐	☐
10. 我們的教師導入計畫代表了為期多年的承諾，以確保新進教師能獲得成功任教所需的支持和資源。	☐	☐	☐	☐

139

表 6-2	促進新進教師成功的師徒制計畫（組織評鑑）

140

在多大程度上，你的學校或學區的師徒制計畫反映了下列指標？

指標	不明確	有點明確	明確	非常明確
1. 我們提供各種多年期的師徒制計畫，其目的在幫助新進教師成功。	☐	☐	☐	☐
2. 我們的師徒制計畫幫助新進教師理解其角色和責任。	☐	☐	☐	☐
3. 我們的師徒制計畫幫助新進教師，有效面對他們有責任達到的專業標準。	☐	☐	☐	☐
4. 我們的師徒制計畫幫助新進教師在成功達成確認的專業標準方面，習得及應用所需要的策略、實務、心智習性。	☐	☐	☐	☐

表 6-2 促進新進教師成功的師徒制計畫（組織評鑑）（續）

指標	不明確	有點明確	明確	非常明確
5. 我們的師徒制計畫幫助新進教師應用班級經營技術和策略，以利促使有不同需要且來自多元群體的學生能成功學習。	☐	☐	☐	☐
6. 我們的師徒制計畫幫助新進教師針對教學的設計和傳遞，實施研究為本的策略。	☐	☐	☐	☐
7. 我們的師徒制計畫幫助新進教師了解其可用的人力資源和物質資源範圍，以確保其自我效能感和工作滿意度。	☐	☐	☐	☐
8. 我們的師徒制計畫對於所有參與者——師傅和徒弟二者，都有闡述明確的期望結果。	☐	☐	☐	☐
9. 我們使用一套評量工具和程序，來蒐集和分析形成性與總結性評鑑資料，以判斷與期望結果相關的師徒制計畫之附加價值和成效。	☐	☐	☐	☐
10. 我們的師徒制計畫強調研究為本的實務教練、介入措施，以及相關的支持策略。	☐	☐	☐	☐

141

7 Chapter
促進：組織發展、持續改進、策略計畫

● 主要問題 ●

1. UbD 如何超越單元發展，成為組織更新的催化劑？

2. 關於改變組織規範和文化，有經驗的 UbD 使用者學到哪些經驗？

3. 在教育組織中，UbD 如何補充策略式計畫和持續改進的過程？

4. 哪些因素是必要的，以利判斷 UbD 之附加價值，包括為可能的方案評鑑研究，提出課程設計上的建議？

　　就任何關於專業發展的討論而言，其重大的合理延伸之一是，將教育組織轉換成學習社群的問題。就如在 Lieberman 和 Miller（1999），以及在 Joyce、Wolf 和 Calhoun（1993）的著作中所強調的，教學和學習的真正轉換，要求利害關係人繼續扮演終身學習者，一起合作解決問題、一起做決定，以及確保組織有長期的產能。也許最重要的是，可行的研究與學習社群其運作是以持續改善的原則為中心。這項過程涉及到清晰闡述組織的期望結果，以及有目的的資料蒐集和分析；另外，也涉及到隨後調整政策、策略、程序。以上全部都應該以長期的行動計畫為依據。

　　UbD 的高階使用者常常引用長期策略式計畫和 UbD 系統方法要義之間極真實、極明顯的雷同之處。他們主張 UbD——尤其它的逆向設計過程——可作為工具以促進及維持活躍的學習社群，這些社群致力於重理解的教學，而非教導學生只是重複或模仿關

鍵的知識和技能。本章把筆者對 UbD 的研究擴展到透過策略式計畫來改進組織文化的部分。每個學區針對擬訂學校改進計畫都有某些規範，然而，這類計畫的過程常常被描述為由上而下的或委員會指定的計畫，而利害關係人不是不了解就是不在意這類計畫。

　　本章檢視針對發展組織以建立有效的團隊和重建機構的規範，UbD 有哪些涵義？例如，我們如何轉向協同合作的文化，其中，所有利害關係人在理解及支持在地的策略式計畫方面，都能扮演積極的角色嗎？我們如何合作以確保所有人都成功？最後，我們如何克服抗拒變革的不可避免態度，而這項變革是和採用及實施UbD 有關？

一、在系統層次之 UbD：實務工作者的反省

　　對於 UbD 的不同組成部分能如何催化系統的變革，高階使用者表達了不同的意見。但是大體上他們大多同意，有四種方式可以把逆向設計的過程用於改進組織：(1)作為轉化課程與教學的工具；(2)對專業發展產生一致的影響；(3)作為指引長期計畫的系統方法；以及(4)作為在改進組織方面的共用用語和理念背景脈絡。

　　紐澤西州克倫福市課程與教學助理學區學監 Joseph Corriero 強調：「（UbD）已被視為本學區偏好的教學—學習模式，它被納入我們的長期計畫和年度目標，同時也是擬訂專業發展計畫的核心。」

　　同樣地，紐澤西州新埃及縣布魯斯提特鎮學區之教學視導員暨資優教育協調員 Lynne Meara，把 UbD 和課程的策略式計畫之間的關係描述如下：「我們的七年課程發展計畫和UbD 過程直接結合在一起，未來它會成為本學區差別視導模式的一部分行動研

144

究要素。」

維吉尼亞州諾佛克市諾佛克公立學校特殊暨資優教育科助理主任 Deborah Jo Alberti 主張：

> 在採用 UbD 之前，我們的學區未曾闡述過教學和學習的理念；現在，我們有一套完全以研究為根據的理念陳述，而且傳遍所有學區。在我看來，我們對於學習理念和「強效讀寫能力」（powerful literacy）的承諾，是採用 UbD 所造成的直接結果。UbD 的應用使人不得不突破現況，因為該系統方法的基礎是嚴謹、挑戰、思考、推理。

同樣地，Alberti 也找出了其學區的專業發展計畫和 UbD 之間的有力連結：

> 當我們開始採用 UbD 之後，教師發展在其他許多地區的重要性已變得更明顯，因為就我們對教育、評量、教學，以及學習的理解而言，UbD 提高了標準。就我而言，它只是達成上述結果的少數「工具」之一，但是，也迫使我們以不同方式看待那些真正重要的事項，以及我們是否已組織起來支持這類工作。我們新成立的「領導暨能力發展科」則公開回應要有增加教師專業能力的更有效系統（之需求），以符合更高的標準。

145

紐澤西州普林斯頓叉口市葛洛弗初中的社會科視導員 Mark Wise，強調在策略式計畫和持續改進的過程之中，UbD 顯現的一致力量：

身為中學的行政團隊，我們開始採用逆向設計作為模式來發展長期計畫，最近的實例則是如何更動排課方式並加以實施。我們先考慮目的之後再同時思考產出和過程，然後再回頭思考如何達成目的。我們先為中學的理想環境發展出自己的指導原則，接著針對學生在畢業時應該知道和應該表現的知能，訂出其能力項目，然後（我們）開始草擬可能的排課方式。

紐澤西州布里克市赫伯斯維爾小學校長 Alyce Anderson 曾肯定 UbD 在催化學校文化轉換方面的潛力，他表示：

（UbD）會促進同儕關係；（它）目前（被）用來作為行動研究和同儕評論的工具，以及擬訂委員會議程的系統方法。學校本位目標的行動計畫包括了 UbD 的要素，而（UbD）系統方法則透過教師即研究者的焦點，來促進持續的改進。

146

二、UbD 與持續改進的歷程

關於 UbD 系統方法與持續改進、策略式計畫，以及組織發展之間的連接，高階使用者已經找出以下的大概念：

1. 針對學校、學區或其他學習型組織所負責的教學，探究及闡述利害關係人所認為的大概念和主要問題。
2. 使用持久的理解和主要問題，修正及重新建構目前的願景和使命陳述。
3. 應用由共識所驅動的一套理解事項、問題，以及重新建構

的願景和使命，來決定可評量的長期目標、實作表現指標，以及與績效責任標準和確認的學生成就落差同時相關的目標達成時間表。

4. 使用持續改進的過程和策略式計畫作爲工具，以確保所有學生都能達到成功，尤其是理解他們所學的課程。這些過程應該一貫地應用資料分類，來檢視各類群學生有哪些與確認的目標相關之表現及改善。

5. 針對求取學生的理解，考慮六個理解層面如何能成爲指引和建構的工具。這項過程可包括分析標準化測驗的設計，以及分析學生由於缺乏深度理解而有低成就表現的領域。

6. 應用各種評量和評鑑工具（除了規定的標準化測驗之外）來監控學生的持續進步。就像 UbD 建議的，這些工具包括了反省、開放式問答題，以及累積的實作任務和專題。

7. 應用照片集式的評量和評鑑工具來編輯學校的績效檔案集，此檔案反映了與確認的目標相關之教師成就和學生成就。另外，應用這些工具來證實教師在組織進步方面所提出的結論和洞見。

8. 提供有意義的、持續的專業發展活動，以確保所有教職員都參與持續改進的過程。

9. 在取得新資料之後，修正調整學校的改進計畫，其重點強調不同的計畫、不同的系統方法、不同的策略——被視爲是計畫的介入因子——如何帶來附加價值。

10. 向所有利害關係人報告組織的成果表現，以及在促進持續改進的過程中加入利害關係人的支持。

以 UbD 原則作爲持續改進的指南，學校可從探索其關鍵原則獲益。本章結尾的表 7-1 列出了與學習型組織有關的策略，這些策略能促進所有學生的理解。該表格也針對策略式計畫的長期目標，以及能促進目標達成的併行 UbD 原則，做出建議。

147

三、教學領導的新典範

　　根據高階使用者所述，將 UbD 整合到學校的或學區的持續改進，必須對教學領導做出共同的承諾。事實上，每個回答者都認知到，如果學校和學區的領導者不積極參與也不支持 UbD 系統方法，實質上它會變成另一個「本月最受歡迎話題」。也許更重要的是，高階使用者承認，當行政人員本身沒有完整設計過實際的 UbD 單元，他們對於該做哪些事以支持教師應用 UbD，將會了解得很少——如果有的話。

　　大致上，高階使用者也表達了他們對於協同合作和共同管理的承諾。他們主張，教學領導在採行 UbD 及造成相關變革的過程中，參與者必須包括所有主要的利害關係人，並以教師領導為重點。專家級的實務工作者對於在學習型組織中實施有效的領導所做的建議，集中在下列的關鍵主題上：

1. 有必要分享願景、使命、承諾，以利將 UbD 整合到改進學校的整體努力之中。有效的教學領導——尤其是校長的領導，必須與所有的利害關係人密切合作，以計畫 UbD 的實施。領導者必須確保所有 UbD 的參與者都能理解及探討研究基礎、課程與教學的目的，以及所設定的長期目標。這項新出現的共同承諾，必須清楚連結到學生學業成就目標和教師對達成目標所付出的努力。

2. 有必要撥出時間和資源來支持 UbD 的制度化。對教學領導者而言，沒有任何責任的重要性高過於提供時間、訓練，以及相關的人力和物力資源，來幫助教職員學習及整合某個專業發展新計畫的要素。例如，高階使用者強調，教師需要時間討論及內化新的策略和實務。他們必須有適當的

實務教練和支持——包括同儕評論的機會，以內化 UbD 系統方法，然後解決任何混淆或不一致的部分。有效能的領導者會促進教師的長期而非短期承諾，以及避免產生任何將 UbD 當作速效工具或神奇子彈的跡象或看法。

3. 有必要對教師增權賦能，以及「培養」校本的訓練者和領導者，以創造角色和責任明確的協同合作文化。高階使用者大體上都認知到，雖然幾乎必然會出現起步早的 UbD 採用者和先驅者，但是，對於抗拒變革的教師則必須給予支持和領導，以確保他們的接納。有效能的教學領導者會和教師一起合作，以確認及實施明確的 UbD 角色和責任，以及顯示 UbD 連結到改善學生成就、改善教師產能，以及改善組織效能的整體努力。

4. 努力促進連結以克服組織的、計畫的，以及教師的孤立現象。大多數高階使用者表達的主要想法之一是，有必要克服遍布在許多教育組織中的分離感和孤立感。因此，有效能的教學領導者和教職員會一起合作克服造成孤立的因素，例如，各年級和各課程領域之間缺乏溝通和說明。在實施 UbD 的學區中，對領導者特別要緊的是促進跨校的、跨年級的討論，這些討論會幫助小學教師、初中教師，以及高中教師理解彼此的計畫、課程，以及績效責任。高階使用者再度主張一體適用的教學領導方式。他們也強調，有效能的領導者是合作者而非傳統的管理者，而且，組織的變革與革新是每個人的責任。

5. 有必要建立共識和共同建構意義。前述主題的延伸是，高階使用者一致證實圍繞著協同合作所產生的力量，以及教師對於 UbD 及其在變革與革新方面的意義建構。UbD 的使用者多次重複談到這個想法：所有教職員必須接受訓練、支持、實務教練，以建立下列共識：(1) UbD 系統方法的意

149

義是什麼；(2)它如何被有效應用；以及(3)它有哪些獨特的涵義是針對教師個人的、課程內容的，以及各年級的問題和責任。研究參與者也一再重述，教學領導者有必要示範 UbD 的原則，並將其整合到所有的專業發展層面（如：強調教師可理解的專業發展結果、評鑑訓練結果，以及一套連結到 WHERETO 原則的訓練活動）。

150

四、方案評鑑的過程：持續改進的涵義

如前一節所強調的，高階使用者一致堅信，有必要找出 UbD 長期評鑑的證據。他們的信念集中在涉及策略式計畫和持續改進的當前主要問題：了解績效責任運動及其所伴隨對教師之壓力，以證實介入措施和教學計畫如何影響學生的學業成就。

有經驗的 UbD 實務工作者一致反覆提到，下列關於有意義的方案評鑑和相關績效表現資料的擔憂事項：

1. 「有教無類法」的聯邦法規要求教育機構，在聯邦補助的經費申請和課程發展計畫之中，必須證明紮實的研究基礎，包括教育綱要、課程、策略等。

2. 州層級的經濟因素（包括成長中的財政赤字），迫使主管機構必須就教師專業發展、課程設計、評量，以及相關領域方面的計畫取捨，加以分類。

3. 許多學區正在成長的趨勢之一是，證明被有系統地應用之系統方法、計畫，以及策略的附加價值。

4. 確保學校和學區使用可複製的系統方法和計畫之壓力日益增加，這些方法和計畫已證實能對學生學業成就造成影響。

5. 全國的、全州的、學區的，以及學校層級的教育機構都很急切地找尋某些系統方法和計畫，這些方法和計畫已被證

明能有效因應益愈多樣化的學生群體（如：資優生、特教
學生、ESL 學生、社經地位不利的學生）。

6. 涉及到大學校院和學校、學區的跨機構協同合作案增加，
這類合作關係致力於，應用扎根於研究為本最佳實務的職
前師資培育和教師導入課程，處理師資短缺及相關的資格
認證問題。

關於這些問題，高階使用者已針對 UbD 的長期方案評鑑研
究，找出下列研究問題：

1. 如何判斷學區層級和學校層級的實施程度？

2. 如何判斷 UbD 的應用對學校或學區的價值？例如，我們如
何判別 UbD 的高度實施和學生在標準化成就測驗的分數提
高之間的相關程度？

3. UbD 的實施如何影響特殊群體學生的長期進步？

4. 如何判斷 UbD 的應用對學校和學區的組織實務之影響
（如：課程設計、課程發展、課程實施；評量實務的改進；
專業發展的實務；教學實施）？

5. 如何從學校的和學區的層級判別與有效實施 UbD 有關的組
織規範和實務，例如，包括領導風格、實務工作者的研究
和學習小組的活動，以及課程修訂？

6. 如何在所有學校複製有效的 UbD 策略和課程設計？

學校和學區在探討這些問題時，也必須面對聯邦要求使用某
些不同的實驗研究和評鑑程序來回答問題。因此，高階使用者建
議，未來的 UbD 評鑑研究應考驗下列的研究假設：

1. 以標準化測驗及相關的學區績效責任測驗來評量的話，UbD
在學校的高度實施和學生的長期學業成就之間有正相關。

2. 組織的實務和文化規範存在著可辨識的重複模式（如：教
學領導行為、課程設計和實施的實務、評量的規準、專業
發展的標準），這些模式和某個學校或學區有效實施 UbD

151

152

有關。

3. 欲建立有效實施 UbD 的能力，必須對由資料驅動的持續改進做出承諾，其方式是修正及加強與課程、評量、教學，以及專業發展有關之學校的和學區的實務與程序。

如果檢視高階使用者的回答內容，UbD 評鑑研究的可能組織方法和焦點領域，以及其在學生學業成就、教師績效表現、組織效能等方面的影響，會開始出現。大體上，高階使用者建議三種方式：

1. 實施程度的研究。這類研究可以決定，在多大程度上教職員已經採用及內化 UbD。在建立基準資料之後，評鑑者要監控一段時間內的 UbD 應用增加程度，其方式為利用「關注為本的採用模式」（Concerns-Based Adoption Model, CBAM）之變化策略，以判斷教職員是否達到有關採納、內化、應用的程度（例如，第一級是指初步習得知識；第二級是指有某些課堂應用的證據；第三級是指學校系統或學校的推動小組，持續擴充 UbD 的應用；第四級是指證據顯示有實際的組織變革；以及，第五級是指 UbD 的運作就像是整體學校文化的一部分）。

2. 有情境的加值型評鑑研究。這類研究通常可以評量 UbD 對於實務工作者的行為、態度，以及實務上的影響，並因此強調 UbD 如何有助於學生的學業成就、教師的產能、組織的效能。它提供了把實施 UbD 之後的組織成效量化之方法，包括在組織規範和文化上可以辨識的改變，以及與課程、評量、教學、專業發展、教學領導等相關的政策和實務改變。在加值型評鑑中，評鑑者會建立學生在標準化績效責任測驗上的學業成就基準線，也會長期分析 UbD 的應用增加與學生學業成績變化之間的相關性。

3. 隨機控制的實驗研究。在三種建議的方法之中，這是最正

153

式，或許也是最有企圖心的方法。被約翰霍普金斯大學的 Robert Slavin（1983）稱為「黃金標準法」的這套方法，涉及以研究實驗組和對照組的差異來評斷，在高利害績效責任測驗上，UbD 的高度使用與學生學業成就水準之間可實證檢驗的相關。參與研究的教師要接受綜合訓練課程，以確認其資格符合高階使用者（透過使用有效度的觀察查核表及準則，將教師觀察的結果做三角測量）。經過幾年之後，評鑑者會比較實驗組學生在標準化績效測驗上的成績和隨機選取的教師其班上學生之成績，後者教相同學科但未受過 UbD 訓練、也未修正過教學。

五、進行中的 UbD 學區評量研究之實例

154

全美國有許多學區目前正在為 UbD 撰寫正式方案評鑑研究的申請書。本節摘要三個這類的計畫，以舉例說明其研究設計的特色，以及這類評鑑過程所提供的充分可能性。這三個進行中的計畫包括：紐約市公立學校的總監學區、賓夕法尼亞州蓋茨堡市郊外的康瓦哥谷學區，以及加州聖地牙哥市的聖地牙哥統一學區。每個計畫都代表了為期多年的全州 UbD 訓練、對績效責任的系統化承諾，以及透過學生學業成就和組織產能二者來判斷 UbD 的附加價值。

(一) 評鑑模式一：紐約市公立學校

第一個實例涉及到紐約市某個進行中的多年期評鑑計畫。根據維吉尼亞州亞歷山卓市 UbD 推動小組成員暨前任課程發展師Janie Smith 的看法——她已經和學區合作兩年以上來推動 UbD 的實施，經費補助的評鑑過程會強調被選列為符合「教育法案第一章」

（Title I）的學校。Smith 描述其評鑑設計如下：

> 聘請教練在下個學年期間到各校教 UbD 工作坊和課
> 程是（其）最優先的事項，其方式是（透過）提供額外
> 的訓練時間和教材發展時間：在八月的最後一週或九月
> 初有三天的教學研習時間，以及在整個學年中有二到四
> 天（的）持續教練和課程設計活動。（我們必須）為有
> 學分的課程、持續辦理的工作坊，以及專業發展日的活
> 動等，建立訓練模式。

Smith 也強調有必要提供長期的支持，並且主張把原先的焦點
擴大到語文和數學，以包括自然科、社會科、ESL，以及特殊教育
的教練人員。就像大多數的 UbD 使用者，Smith 強調，這項計畫
在理解及應用 UbD 的過程中，必須更積極地包括校長和助理校長
的參與。

155

Smith 為參與的各校找出下列形成性評鑑設計的第一年要素：

> 在累積（這）一年的訓練之前，所有的教練都必須
> 繳交（一份）線上的 UbD 單元。這些單元教案會被匿名
> 送交評閱，以判斷其所屬理解程度和應用程度。（然後
> 會發生下列事情：）針對教練、教師（代表）、助理校
> 長編寫問卷，以蒐集 UbD 在課堂、在工作坊、在訓練教
> 師等等方面應用的資料。針對 UbD 實務教練課中提到的
> 學生不同差異和特徵，為學生編寫問卷，而這些學生對
> 指定作業的反應及其學業進步情形，已事先設定。檢視
> 得自教練課的資料，焦點放在第二次才通過畢業會考之
> 人數，以及同年級學生通過畢業會考的人數等等。蒐集
> 和閱覽教練所寫「UbD 在我的課堂上之應用」的各篇日

記，以判斷訓練實施的順利程度。檢討及修正訓練主題和課程表，以視需要調整改進未來的訓練。蒐集一些評閱過的學生作品，以判斷指定作業的品質和關於該主題的理解程度。

(二) 評鑑模式二：康瓦哥谷學區

這個學區是第三年實施 UbD。如同紐約市的評鑑計畫，康瓦哥谷學區的教職員與來自維吉尼亞州法費克斯市的 Elizabeth Rossini 合作，他們強調有必要評量教師理解及應用 UbD 的程度，以及其對利害關係人績效表現的影響程度——包括對教師和學生。Rossini 摘要了該學區進行中的評鑑研究所採用的問題：

> 如何讓教師實施其設計的課程單元？在設計和實施這些單元時，以及在設計後的反省時間，如何提供教師支持？如何持續討論有關 UbD 即課程和教學計畫的課題？如何使教師從被要求「一年實施一個 UbD 單元」，跨越到以逆向設計原則為本的「視 UbD 為課程計畫的思考方式」？行政人員需要哪些支持，以利在他們自己的工作上應用 UbD 原則，並且支持他們的教師這樣做？

156

紐約市和康瓦哥學區的評鑑計畫，都整合了長期的持續改進和策略式計畫，而這些要素與 UbD 及其對組織文化的影響有關。在朝向 UbD 的制度化和評鑑 UbD 對學區的影響方面，Rossini 強調下列建議的後續步驟：

> 提供教師後續訓練及支持；使教師實施 UbD 單元課程；刊登成功的實例；分析來自反省日誌的回饋，然後

找出趨勢、優點、缺點等等；分享意見、洞見，以及
（或）從反省日誌獲得的經驗；透過以 UbD 爲題的文章
分享、電子郵件，以及（或）備忘錄使教師持續面對
UbD，以利思考或準備未來的會議討論。

除了強調使 UbD 的設計原則一向是教師學習小組與研究小組
的核心主題之外，Rossini 也針對學區層級的組織發展，強調下列
策略：

把（該）UbD 系統方法用於行政計畫；採納（及應
用）UbD 的詞彙……來討論課程和教學；把 UbD 和教師
評鑑結合在一起；以「重點檢視」（look fors）的方式將
UbD 納入到教師觀察；支持教師根據來自實施過程的回
饋共同修訂單元課程；建立能支持教師的討論小組；其
他相關的訓練課程（應該包括）應用實際的學生學習結
果來改善評分指標，透過六個理解層面的透鏡來設計單
元課程，更深入檢視實作任務和評分指標，以及根據
UbD 階段一編製學年的課程地圖。

(三) 評鑑模式三：聖地牙哥統一學區

加州聖地牙哥市聖地牙哥郡教育局特別專案及績效責任科主
任 Elaine（Irish）Hodges，就通盤整合實施 UbD 及其評鑑設計，
強調該學區的努力重點如下：

157

我們開始推動一項稱爲「行動中的標準」（Stan-
dards in Action）之方案。實施的第一年，有十三個學
區、一百位種子教師，以及大約十二位在課程和（或）

行政程序方面有專長的聖地牙哥郡教育局職員參加。在一年期間，我們和教師進行了大約十一天的研習……接下來的持續工作是編寫（逆向設計的）課程單元。在期間，學區的課程與教學行政人員一起集會討論，（要）如何支持學區中的教師和如何推展學區未來的工作。

如同高階使用者，Hodges 也強調全程的和後續的回饋對於有效實施及評鑑 UbD 而言，是主要的問題：

> 聖地牙哥郡教育局的職員與教師一起合作，以協助推動實施過程和修正工作。在學年結束時，我們有三個（跨年級的）已完成單元檔案夾和一份影音光碟，以及一場首次公開展示這些成果的工作坊。本計畫實施的第二年，我們又請到 Jay（McTighe）來參加始業式。這回，我們有十六個學區、五十位教師，以及許多聖地牙哥郡教育局職員，也已經發展出一套線上輸入和修訂教案設計的程序。八天的專業發展活動則包括（逆向設計）各個階段的報告、（因材施教的）教學，以及同儕評論的程序。

聖地牙哥郡教育局就其與方案評鑑有關的職責說明如下：「參與 UbD 概念之專業學習活動，為幼稚園到高中階段教師和行政人員提供一系列的專業發展活動，以支持標準本位的教學和學習。」此過程聚焦在下列的研究問題上：

1. 教師需要哪些知識和技能，以利設計和實施以理解為本的課堂教學和評量策略？
2. 專業發展模式如何確保其焦點放在學業成就標準上？
3. 哪些參數需要設定妥當，以確保專業發展和學生學業成就之間的連結？

158

4. 如何評鑑專業發展模式及其應用？

5. 對於教師實施課程標準和理解為本位的課堂教學與評量，我們有哪些期望？

6. 如何滿足個別教師的專業發展需求？

聖地牙哥郡教育局針對其標準驅動的專業發展計畫及評鑑，已擬訂了三則目的（或結果）：⑴探討及應用 UbD 的概念和原則；⑵發展反省的實務，這些實務能有效解決問題並改進聖地牙哥郡教育局的工作；以及⑶所設計的學習單元由同儕評論，然後與學生共同實施。伴隨的「期望的結果」包括了共同理解 UbD 的概念和原則，根據信任和同儕關係建立專業學習的社群，以及根據 UbD 原則設計學習單元。

最後，聖地牙哥郡教育局的 UbD 使用者針對實施和評鑑，已找出五項主要的「成功關鍵」指標，每一則指標都有五級分的指標說明，以及可接受證據的實例說明：

指標一：理解及使用標準。

指標二：決定可接受的學習結果。

指標三：設計及實施理解為本的課堂教學。

指標四：加強學生對學習的責任感。

指標五：對學生的教學採用專業的協同合作。

就本章介紹的三個評鑑模式而言，每一個都反映了某個學校或學區所面對的一系列問題，包括組織的優先事項和學生的學業成就問題。然而，每個模式都強化了高階使用者往往強調的某些普遍模式。首先，所有利害關係人群組的代表必須在評鑑的設計和實施過程中扮演更積極的長期角色；其次，評鑑的標準和實作指標必須連結到特定學區長期持續改進計畫所闡明的優先序；第三，時間、經費、人力資源必須能夠利用，以確保有效實施所擬訂的計畫及其相關結果；最後，任何有效的評鑑計畫必須增強和支持學區整體的績效責任目標，以藉此產生資料來證實，UbD 在

催化組織變革和革新方面的附加價值。

　　對於 UbD 與策略式計畫、持續改進之間關係的結論，讀者可以參考表 7-1 和表 7-2。表 7-1 舉例說明學校或學區的常見改進目標，以及在實施 UbD 方面的對應意義。表 7-2 呈現的組織評鑑矩陣則能指引後續的討論和探索，尤其，表 7-2 能幫助讀者判斷，在多大程度上，十四項相關因素中的每一個會影響到組織發展、持續改進、策略式計畫──從闡明的學習理念到共識驅動的承諾、再到因應所有學生特定長處和需要的因材施教，以及評鑑 UbD 在學校、學區，以及相關學習型組織的運作。

表 7-1　UbD 對持續改進的目標之涵義	

160

學校或學區的目標	UbD 之涵義
1. 針對強調均等和卓越的連貫核心課程，強化學校或學區的承諾。	應用三段式循環稽查程序，對於哪些是學生應該知道、應該表現，以及應該理解的知能，建立共識。
2. 確保所有教職員理解學區的標準，以及這些標準對於高利害績效責任測驗的涵義。	提供 UbD 訓練，幫助教師和行政人員解讀學區的標準及其對所規定的測驗之涵義。
3. 在課程範圍內，強化學生對大概念的理解及其之間的連結。	把持久的理解和主要問題整合為所有課程內容之中的指示策略。
4. 確定所有學生都達到高層次的理解，而不只是公式化的知識回想。	強調六個理解層面：說明、詮釋、應用、觀點、同理心、自我認識。
5. 確保評量對於學生所知、有能力表現，以及理解的事項，提供完整均衡的陳述。	採用 UbD 照片集式評量法，它能整合建構式反應測驗題、反省式評量、開放式問答題，以及 GRASPS 累積式專題評量。

表 7-1　UbD 對持續改進的目標之涵義（續）

學校或學區的目標	UbD 之涵義
6. 幫助學生隨著課程進行，從具體的學習邁向抽象的學習，從教師引導的學習邁向獨立的學習。	組織課程單元，以利學生的學習螺旋朝向獨立應用發展，包括有效完成 GRASPS 的累積式專題學習。
7. 強化所有學生的自我效能感、目的感、真實感。	在每日的單課教學設計和實施方面，整合 WHERETO 的「W」要素（要朝哪個方向去、往該處去的理由，以及被用來評量的方式？）
8. 吸引學生的興趣和責任感。	在各節課的關鍵部分吸引學生的興趣（WHERETO 的「H」要素）。
9. 提供體驗式學習的機會，使所有學生做好學習成功的準備。	藉著強調實作的探究，增強WHERETO 的第一個「E」要素。
10. 增強所有學生監控自己理解程度的能力（如：後設認知和自我調節）。	強調 WHERETO 的四個「R」要素：反省、重溫、修正、重新思考。
11. 鼓勵學生展現理解結果、自我評價、自我表達。	使用類似「聆聽—思考—互答—分享」活動、日記撰寫、訪談，以及報告等策略，強調 WHERETO 的第二個「E」要素。
12. 應用因材施教方式適應所有學生的長處和需要。	修正學習活動（WHERETO 的「T」要素）以利因應所有學生的長處和需要，包括採用一對一指導、教練、精簡式教學，以及加速教學的策略。
13. 組織教學活動以使所有學生的學習達到最大程度，包括對特殊群體的學生。	根據大概念和主要問題來組織學習活動（WHERETO 的「O」要素），並且以漸增的複雜度和獨立性，重新復習核心的知識和技能。

161

表 7-2　能提升學習與研究社群的持續改進原則和實務（組織評鑑）

在多大程度上，你的學校或學區的組織文化反映了下列指標？

指標	不明確	有點明確	明確	非常明確
1. 我們有共同的明確學習理念，這些理念與目前研究為本的最佳實務相一致。	☐	☐	☐	☐
2. 包括課程綱要在內的所有課程設計之變革，都是從由共識驅動的做決定歷程漸進發展的。	☐	☐	☐	☐
3. 我們的基本機構價值之一是對於追求卓越和均等的承諾，此承諾能確保所有學生都能理解核心課程的內容。	☐	☐	☐	☐
4. 透過加強教職員理解相互連結的績效責任計畫，我們努力克服執行計畫的負荷過重情況。	☐	☐	☐	☐
5. 我們的課程是管理學習歷程的系統，在書面的、評量的、教學的、支持的，以及習得的課程之間有清楚的連結。	☐	☐	☐	☐
6. 我們的專業發展過程能落實對建立探究和學習的社群之承諾。	☐	☐	☐	☐
7. 所有的教師發展活動都是長期的、內嵌在工作中的，因此我們強調教師學習小組、研究小組，以及行動研究同儕小組。	☐	☐	☐	☐
8. 包括學生、家長，以及社區成員在內的所有利害關係人，都理解及支持我們的願景、使命、目標。	☐	☐	☐	☐

表 7-2
表 7-2 能提升學習與研究社群的持續改進原則和實務（組織評鑑）（續）

指標	不明確	有點明確	明確	非常明確
9. 對方案和計畫的持續評鑑，使我們能決定其附加價值（如：它們對目的和目標的影響）。	☐	☐	☐	☐
10. 我們承諾：在蒐集形成性和總結性的績效表現資料，以決定我們的表現和需要如何改變的過程中，要持續改進。	☐	☐	☐	☐
11. 我們的持續改進涉及到使用多類型的評量和評鑑資料，而非採用快照式的評量方法。	☐	☐	☐	☐
12. 我們的組織改進策略強調由共識驅動的計畫，它有明確的時間表、明確的基準，以及根據顯現的資料模式而做的調整。	☐	☐	☐	☐
13. 教學領導使所有教職員對於監控和提升所有學生的成就，做出承諾。	☐	☐	☐	☐
14. 我們對於改進教學的承諾，反映了我們願意實施因材施教，以滿足所有學生的長處和需要——包括特殊群體的學生在內。	☐	☐	☐	☐

164

165

8 Chapter

對 UbD 之展望

● 主要問題 ●

1. 高階使用者如何看待 UbD 之未來？
2. 就目前最高階的 UbD 使用者所經驗到阻礙和缺失而言，教師該如何克服？
3. 對於使學生在由變革主導的、由技術驅動的二十一世紀中做好成功的準備，UbD 能如何促進教育者的集體努力？

筆者已探討過 UbD 之應用現況，現在讓我們從高階使用者對於 UbD 作為教育介入措施的完整可行性之分析，來檢視其未來的可能方向和建議。在被問到 UbD 的未來願景時，大多數高階使用者強調下列關鍵焦點：

1. 有必要擴充 UbD 單元設計及相關範例的全國資料庫，這些範例涉及的範圍包括，納入持久的理解和主要問題之修訂標準。

2. 期望擴充 UbD 的應用範圍，以透過策略式計畫和持續改進涵蓋學校革新的過程，尤其在 UbD 關係到高利害績效責任計畫和促進所有學生的成功學習。

3. 對於擴充 UbD 的影響做出重大承諾，以包括系統化的課程發展。

4. 重複提出的建議：使教師更明白，UbD 用於教師專業發展和用於其他全國的系統方法之間的連結，對教師而言更清

晰明確。

例如，賓夕法尼亞州連宏市納夏米尼學區（幼稚園到高中階段）社會科暨課程與教學部主任教師 Frank Champine 表示：

> 如果被適當地發展，我相信 UbD 會成為學區自我修正的最佳模式。UbD 很容易學，它能聚焦在課程發展和教學實務的某個基礎上，並且對於「評量」在個別教師實務和學區實務上扮演的角色，能讓使用者合理地理解。我認為，在布希政府「有教無類法」新計畫的範圍之內，UbD 已成為拯救學區的最佳完整模式。如果方法組合正確的話，它能拯救各學區。

在促進該過程方面，加利福尼亞州聖地牙哥市聖地牙哥郡教育局的課程與專業發展科主任 Tony Spears 建議：「以年級分段（如：幼稚園到二年級、三至五年級、六至八年級、九至十二年級），就英文—語文、數學、自然、歷史—社會科等核心學科，（刊行）至少一個示範的單元。」

同樣地，紐澤西州克倫福市課程與教學助理學區學監 Joseph Corriero 建議：「若有聚焦在特定領域的入門錄影帶短片——例如主要問題、連結的問題、把六個理解層面（整合到）評量等等，會很有幫助。我們也需要更多單元範例的模式。」

德克薩斯州密蘇里市優質學習公司資深副總裁 David Malone 強調，有必要擴充 UbD 的電子式學習社群：「我認為，UbD 交流網的下一個階段是，有能力建立直接對學生傳送資訊的線上介面。」

有必要更注意 UbD 和標準本位績效責任制之間的連結，也是高階使用者重複提到的主題。例如，賓夕法尼亞州巴克斯郡 UbD 推動小組成員暨前任課程發展師 Elliott Seif 主張：「更聚焦在 UbD

168

和課程標準的連結，把 UbD 當作管理的方法使用，並且理解標準的內容。同時也使用 UbD 來證實學生學業成就的高水準，然後將其連結到課程的更新。」

根據紐澤西州新埃及縣布魯斯提特鎮學區之教學視導員暨資優教育協調員 Lynne Meara 的看法：「對任何學區開始實施的計畫而言，一致性是非常重要的部分，其證明見於學生學習達到有效的結果，以及教師和行政人員持續信守承諾。」

高階使用者對這方面的 UbD 未來願景，強調教師承諾使該系統方法成為因材施教的催化劑，尤其是針對特殊群體學生。關於高能力的學生，維吉尼亞州諾佛克市諾佛克公立學校的特殊暨資優教育科助理主任 Deborah Jo Alberti 表達她對 UbD 的未來期望：

> 由於 UbD 目前的確為所有學生帶來許多過去只用於資優教育的教學方法，我希望看到未來的系統方法能在因應高能力者的因材施教方面付出一些努力。亦即，為任何有特殊需要的學生（找出）修正教學的方法，就是在大聲宣示，高品質的學習是所有學生應得的，但是此處指的是某種結構性方法，用來視需要「修正」所提供的優質學習。

許多高階使用者帶著誠心調整他們對未來的願景：教師必須同時認知到該系統方法本身的固有複雜性和不協調，當舊的實務和新的實務相衝突時，缺失就可能出現。例如，加州楚拉維斯塔市的教師人力資源發展師 Linda Marion 提醒：「這不是能夠放在一套資料中給教師的東西，它需要大量時間和精力來幫助教師做出這類典範轉移，也要求訓練者成為改變的力量，並且做許多串接的工作。」

高階使用者在強調納入所有主要利害關係人，以及散布關於

169

基準的資訊及成功實施 UbD 的研究為本實例時，也連帶提到 UbD 是組織革新和教育改革工具的新願景。俄亥俄州培瑞茲堡市的教育顧問 Margaret Searle 建議：「你也許想到一些方式來告訴行政人員如何具體支持 UbD 的過程，但是當行政人員愈軟弱無知時，他們就愈無法把教師結合成網絡式小組並加以支持——這是貫徹革新時的大麻煩所在。」

同樣地，紐澤西州普林斯頓叉口市葛洛弗初中的社會科視導員 Mark Wise 也表示：

> 我會建議考慮新的模式，在這個模式中，UbD 推動單位認養某個學校（或）學區，並且承諾對較少數但是能深化相互關係的學校付出時間、資源、精力。在這些學校能以示範學校的形式運作之後，就可以被 UbD 推動單位用來訓練其他學校，或在另一次的「領養」行動時作為合作夥伴。這種做法的長處是簡單化，然而（UbD）卻要耗費人們許多時間才能了解它有多簡單。我認為，使 UbD 在幾所學校正確推動，會比被許多學校（UbD）放著不用，更有用處。

大體上，高階使用者被十項實踐 UbD 完整潛力的建議所吸引。雖然各個想法有其各自的效力，但是加在一起時它們能綜合指出，成功的教育革新計畫如何成為確保所有學生都成功的催化劑：

1. 發展及執行一套綜合的評鑑研究，以判斷 UbD 對持續一段時期使用該系統方法的課堂教學、學校，以及學區之附加價值。
2. 刊行最佳實務的綜合報告，這些實務被證明能有效延續教師對於 UbD 原則和策略的應用。

170

3. 以摘要顯示 UbD 與其他全國的或國際的系統方法及計畫之間的連結，例如，因材施教、多元智能、學習風格、建構式教學與學習。

4. 以印刷的或電子的形式（如：透過 UbD 交流網），展示學區如何將持久的理解和主要問題整合納入的課程標準。

5. 針對教師如何把UbD整合到特殊群體學生（如：資優生、特教學生、ESL 學生、社經地位不利的學生）之課程與教學工作，大量擴充這方面模式和實例的取得途徑。

6. 對於如何把 UbD 整合到持續改進計畫──包括學校改進計畫和學區的策略式計畫，提供清晰實用的實例。

7. 透過會議，以及線上對話、留言板之類的電子媒體資源，為工作相似的 UbD 使用者擴充彼此互動和學習的機會。

8. 以經過現場測試的UbD要素實例──例如，持久的理解、主要問題、開放式問答題、累積式的專題學習、吸引興趣的活動，建立電子資料庫。雖然這些要素可以在 UbD 交流網收錄的單元教案中找到，但是根據課程內容讓額外的教案分開收錄，會很有用。

9. 大幅強調 UbD 在小學教學的成功應用。許多研究參與者強調，把重理解的教學整合到低年級學生的教學工作所面臨的複雜性和挑戰。 *171*

10. 對於 UbD 如何加強高利害績效責任測驗的準備，做出定論。儘管很多教師的努力背道而馳，許多學校和學區仍然有為測驗而教學的心態。

一、將理解連結到其他全國的專業發展系統方法及計畫

　　許多高階使用者提到的主要問題之一是，有必要幫助教師理解目前眾多實施中的專業發展與組織發展計畫之間的連結。和 UbD 及其核心原則和策略有密切連結的系統方法中，有兩套方法常常被提到。第一套系統方法是「有效的學校教育策略」，Robert J. Marzano 在《有效的學校教育策略》（*What Works in Schools: Translating Research into Action*, 2003）一書中曾加以闡述。第二個系統方法是因材施教，由 Carol Ann Tomlinson 在《因材施教的課堂教學》（1999）一書中提出。

　　實務工作者期望對 Wiggins 和 McTighe 模式背後的教育研究基礎有更明顯的闡述及宣導，此期望延伸成為將 UbD 連結到 Marzano 的著作。同樣地，經常引述 Tomlinson 的因材施教概念，使實務工作者更一致關切如何有效因應多元學生群體漸增的需要。簡言之，這三套系統方法都具有下列常見的價值和原則：

1. 透過致力於追求嚴謹的、卓越的，以及均等的教育，對幫助所有學生達到高水準學業成就做出承諾。

2. 承認學習的成功需要學生具備高度動機和承諾，而這些可透過真實的、學生中心的教學而強化。

3. 能認知到，對成功的教育而言，以下課程是無法折衷的要求：強調適用於所有學生的高標準、由共識驅動的，以及經過仔細闡述的課程。

4. 主張教學和評量必須一致地相關，而且應利用形成性和總結性評量資料來監控學生的學習和調整教學，以適應學生顯現的長處和需要。

172

5. 一致承認學生是學習過程的中心,包括在設計和實施教學時,教師必須因應學生的學習風格偏好、個人興趣,以及學習準備度。

(一) UbD 與「有效的學校教育策略」

UbD 反映了許多 Marzano(2003)提到的研究為本結論和建議。 Marzano 分析過去三十五年來的教育研究結果以呈現證據,他把使學校成功的當前實務歸納為三大類:學校層級的因素、教師層級的因素、學生層級的因素。學校層級因素包括保證有用的課程、一套有挑戰力的目標及有效的回饋、家長和社區的參與、安全有秩序的環境,以及共事感和專業精神。以能提高學生學業表現的教師實務為根據,Marzano 所稱的教師層級因素包括,應用一系列研究為本的教學策略、透過闡明的學生自訂策略和程序來經營班級,以及設計課程以連結到共識驅動的標準。最後是學生層級的因素,其重點在於,當學生有充分支持的家庭環境、清楚自己的動機也明白如何提高動機,以及從經驗增長、持續廣泛閱讀、擴充詞彙等而獲得廣博的背景知識時,學生的學業成就會提高。

UbD 提供的策略和程序可以落實 Marzano 的許多建議。但是,高階使用者不贊成把 Wiggins 和 McTighe 的系統方法當作革新學區或學校系統的模式,下列條件對教育革新而言,是 UbD 和有效學校教育策略之間直接連結的明顯部分:

1. 確定提供保證可行的課程,這些課程等同於核心課程,而且讓學生有足夠的學習時間。就這項因素而言,三段循環稽查程序為建立課程內容的共識,提供了理想的技術,因此能幫助教師區辨,哪些是學生只要熟悉即可的知能,哪些則是所有學生必須知道、必須表現,以及必須理解的知能。

2. 建立有挑戰力的目標,並且對所有的學生提供有效的回

173

饋。UbD透過對持久的理解和主要問題的經驗本位探究，強調所有學生都有必要深入理解概念，以及透過六個理解層面證明他們能獨立展現精熟度。

3. 確保學生在安全有秩序的環境下學習。在增進良好行為並將干擾學習過程的行為減至最低方面，UbD對於以學生為學習過程的中心之堅持，能補充Marzano所強調的明確規則和程序。藉由鼓勵自我認識和自我反省，教師能幫助學生體驗到，所受的教育與生活的世界之間有真實明確的連結。

4. 強化能反映同儕關係和專業精神的學校文化。Marzano（2003）強調協同合作和共同探究在學校各方面運作上的效力，UbD則強調應用同儕評論的程序來進行教案研究和單元設計之評鑑。UbD證實，對這套系統方法的專業理解是協同的而非個別的過程，而且有助於建立積極鼓勵所有利害關係人參與的學校文化。

5. 提供反映研究為本最佳實務的教學。Marzano（2003）找出了九個教學實務領域，這些領域在統計上對學生學業成就有高度影響：(1)辨識異同之處；(2)做摘要和做筆記；(3)強化學習上的努力並給予讚賞；(4)透過家庭作業和練習擴充及改善學生的學習；(5)利用非語文的方式呈現資訊；(6)運用合作學習；(7)設定明確的目標和教練本位的回饋，這些目標和回饋都連結到課程標準；(8)產生假設並加以驗證；以及(9)應用提示、應用高階的問題、應用前導組體。在 UbD 強調的大概念、主要問題、GRASPS 概念及相關的獨立實作任務、六個理解層面，以及 WHERETO 範例方面，上述所有策略有屬於內隱的也有屬於外顯的。

6. 實施有效的班級經營策略和程序。認為規則、策略，以及班級經營技術明顯有助於提高學生對學習過程的責任感，

是 Marzano 所做研究分析的核心主張。UbD 透過賦予學生為自己的進步負責之能力、透過使學生能自我調整和自我覺知，以及使學生一有機會就朝向獨立應用知識邁進，來強化班級經營的效能。在教師提供適當的介入措施和教練之下，要為自己的進步負責的是學生而非教師。

7. 確保班級課程的設計係由標準所驅動、係經過明確一貫的設計和呈現，以及能吸引學生的興趣。Marzano（2003）的綜合研究和 UbD 都強調下列課程設計要素：(1)為所有學生具體指出一套主要的、合乎時宜的嚴謹標準，並加以說明；(2)應用不同的教學型態，並且承諾在學生的整個教育過程中，會以許多方式重新復習核心的學習內容；(3)課程內容以概念來組織以強調其內容領域的特點，例如，強調大概念、主要問題、持久的理解；(4)使學生投入複雜的專題學習，這些專題要求他們以特別的方式處理內容；以及(5)透過自我認識和後設認知來強調學生的自我效能。

8. 能認知以下事實：透過強調學生所習得的智能和背景知識，所有學生都有能力深入理解概念並精熟概念。「有效的學校教育策略」和「UbD」都強調，所有學生都能學習一套嚴謹的、由概念組成的核心課程，如果他們的教育：(1)直接增加他們的人生經驗質量；(2)吸引學生進行廣泛的閱讀並發展詞彙；以及(3)強化學生的概念理解，而不只是公式化重述資訊的能力。

9. 透過提供有意義的、持續給予回饋的學習環境，來增進學生的學習動機。這兩套系統方法都強調教練為本的回饋，包括：給學生機會以利了解自己在習得及理解課程標準方面的進步情形，同時也給予合作學習為本的同儕教練及回饋機會——包含同儕回應小組。

10. 吸引學生投入能提升自我認識的獨立專題學習活動，來增

175

進學生的學習動機。「有效的學校教育策略」和「UbD」都明確承認，學生愈對自己的學習過程及相關結果負責，他們的內在動機愈強。因此，這兩套系統方法鼓勵教師吸引學生投入模擬活動、實作本位任務、累積式專題活動，而這些活動使學生一有機會就能做選擇、做設計，以及自我監控。

(二) UbD 和因材施教

就像 Marzano 的研究為本系統方法，以及 Wiggins 和 McTighe 之 UbD，Tomlinson 在因材施教方面的著作也強調，有必要實施以學生為中心的教育過程以適應學生的長處和需要。這三套系統方法以類似方式強化了評量和教學之間的密切連結，它們主張，教師應該持續專注在監控及評量學生的實作表現，然後回過頭來在教學上做適當的調整，以順應資料本位的需要和問題。

在其暢銷書《因材施教的課堂教學》（1999）之中，Tomlinson 呈現了與 Marzano 的建議、Wiggins 和 McTighe 的建議在許多方面異常相似的教學模式。她尤其指出，因材施教代表教師回應學生的需要，而這類的回應是由三項通則所引導：(1)持續的評量和調整；(2)有彈性的分組；以及(3)個別的學習任務，這些任務考慮到每個學生的準備度、期望所有學生都成長、提供機會讓所有學生探索難度和精熟不斷增加的持久理解和技能，以及提供所有學生看起來（實際也是）一樣有趣、一樣重要、一樣吸引人的學習任務（Tomlinson, 1999, p. 12）。Tomlinson 也主張，教師可以根據學生的個別準備度、興趣、學習特質等，在課程內容、教學程序，以及學習程序上因材施教。

如同其他兩種系統方法，Tomlinson 對教學和班級經營的建議考慮到多種學習形式；能增進大概念及從屬概念的理解；以及透過例如學習契約、分層式課堂教學（tiered lessons）、學習中心、

獨立的和分組的研究、不同的發問技術、不同的自評和自省工具等，讓學生能做個別的選擇。

UbD 能增進 Tomlinson 針對因材施教所做的大多數建議，以確保所有學生能達到最大程度的學習。以下呈現這兩種系統方法之間最明顯的連結：

1. 透過持續的評量及調整，不斷直接回應學生的需要。UbD 處理這項因材施教要素的方式是，強調教師必須清楚闡述學習目標、理解事項，以及問題，而這些都能引導學生在單課、單元、課程或年級之中的探究和學習過程。此外，它也指出教師應持續監控和回應學生所表現的長處和需要，以強調評量、教學，以及學習之間的密切關係。

2. 確保每個學生都參與了各自的學習活動。再次，UbD——如同 Tomlinson 的因材施教——主張，習得持久的理解及能力應該是所有學生的目標。應用照片集式評量法（結合建構式反應題的正式測驗和隨堂測驗、反省式評量、開放式問答題、GRASPS 累積式專題之評量），教師就能不斷評量及調整教學過程。對個體的強調是重理解的教學和評量之核心要素，因為教師會使學生專注在益愈複雜的、益愈有挑戰力的任務，而這些任務能使概念理解和獨立應用概念的程度逐漸提高。

3. 根據學生的準備度、興趣、學習特質，並按照課程內容、學習過程，以及學習結果的不同而因材施教。既平衡又多層面的 UbD 照片集式評量法與 WHERETO 教學範例相連結（見第一章，17 頁），以利處理這些因材施教的因素。

4. 應用一套教學和班級經營策略來加強學生的成功學習。Tomlinson 的系統方法和 UbD 的系統方法都強調，把學生視為有獨特學習特質，以及有各自展現智能之方法的個體來看待。調整 WHERETO 的「T」要素，呼應了 Tomlinson

178

列出的一長串因材施教技術清單。這些技術包括：合作學習法、不同的文本及學習資源、分層式課堂教學和學習契約、獨立的和分組的研究、興趣小組和興趣中心、寫日記，以及壓縮課程內容。最後一項技術涉及到評量學生與單元課程標準相關的知識和技能程度，以及使學生從先前的精熟狀態轉移到更獨立學習，但是，需要額外直接教學的學生則必須參與某些形式的一對一教學或教練。

這三種系統方法及其多方面的一致性，增強了高階使用者所提到的某個主題：當前教育界對於必須做什麼及必須如何做才能幫助所有學生成功學習，其共識正在增高。這些模式中顯現的極真實、極深遠連結，也促進了高階使用者表達對下列事項的承諾：連結學區的努力以改進學生的學業成就，以及克服教育革新被視為一系列孤立的、單一的計畫和策略之現象。

179

二、對未來的教育與 UbD 之共同願景

最後一節呈現一系列的陳述，這些陳述反映了本研究的參與者對於幾項教育革新領域的建議。這些陳述也代表了對於 UbD 及其在學習型組織上之應用的願景，以及高階使用者對於新千禧年的教育實施所懷抱的期望。

(一) 學生的學業成就

所有學生對於所學課程都能發展出深度的概念理解。在證明能透過六個理解層面（說明、詮釋、應用、觀點、同理心、自我認識）其中一個以上，來得到上述理解力方面，他們能獲得持續而明確的能力。藉由逆向設計，教師能適應所有學生的獨特長處和需要，因而確保學生在學業上的成功，以及穩定的個人效能感

和自我調整能力。所有學生的需要 —— 包括特殊群體的學生，都被一致適當地照顧到。

(二) 課程的標準

　　所有學校和學區都有由共識驅動的課程標準，這些標準旨在促進全部學生之理解。透過這些標準，學習型組織能確保：經由與全體學生都相關的、有挑戰力的，以及嚴謹的學科學習標準，他們擁有了監控學生進步情形的有效系統。實作表現標準及基準補充了學科學習標準的不足，因為後二者使得教學的回饋和調整，得以在每個打分數的或評分的時期來實施。

(三) 課程設計

180

　　所有的書面課程（包括範圍、順序、相關課程綱要，以及課程指引）都為教師提供一致清晰的課程地圖，以確保所有學生都能精熟指定的學區課程標準。實際的課程即在仿製 UbD 的主要原則，包括可行的核心課程在內（透過三段循環稽查程序達成），這類課程強調持久的理解和主要問題、六個理解層面、照片集式評量策略，以及 WHERETO 的教學設計範例。

(四) 評量與方案評鑑

　　在各校、各學區的所有教師，都能理解及應用由共識驅動的評量和評鑑程序，以監控學生的學業成就。此過程強調確認的課程內容和實作表現標準之間的清楚連結，以及相關的評量工具和技術。就如同所有學區都使用照片集法來評鑑學校的績效表現和進步情形，所有教師也都應用照片集式評量程序，因為標準化測驗只代表了整個評量學生學業成就和評鑑組織效能的一部分。

(五) 教學的設計與實施

　　所有學校和學區都能確保教師有可用的適當時間和資源來實施核心課程，以確定所有學生都達到學業成就。每一位教師都不斷探討下列問題：我們的方向在哪裡、為什麼要往該方向去，以及在整個過程中我們會以哪些方式被評量？在整個單元和單課課程中，如何吸引學生的興趣和目的感？如何透過經驗本位的學習活動，使所有學生都為成功的學習做好準備？如何鼓勵所有學生反省、重溫、修正，以及重新思考他們的學習？如何賦予學生展現自我表達和自我評鑑的能力？如何修正教學以因應所有學生的獨特長處和需要？如何組織教學，以利所有學生能從經驗和探索的活動，邁向深入的概念理解和獨立應用？

(六) 教師專業發展

　　從教師到行政人員再到半專業人員的學區內的所有教育者，都參與有意義的、持續的專業發展活動，以確保他們習得在促進所有學生成功學習方面所需要的技能、能力，以及理解。專業發展活動應該靈敏覺察所有成人學習者之需求、應該連結到學校本位的關切事項和需要，以及納入各種反省的策略，包括學習小組和行動研究同儕小組。

(七) 行政與學校領導

　　在學校或學區內的所有行政人員都能仿效真實的教學領導之特徵。他們提升教師的理解、促進共同的探究，以及建立整個學習與研究社群。透過其採用的教練、觀察，以及相關回饋策略，行政人員增進了視教職員為終身學習者的想法，而該角色會承諾持續改進與共識驅動的學區標準有關之學生學業成就。行政人員會確定，教師關係在其學校或學區的教學領導方式上，是明確重

要且持續存在的變數。行政人員的角色更勝於管理人員，因為他們在促進教學和學生的理解方面是積極的催化者。

(八) 視導的模式

像外部化管理之類過時的視導模式，已經被視導員即增進教師理解和專業成長的認知教練暨指導者（cognitive coaches and facilitators）之概念所取代。視導人員是學校和學區學習社群的積極參與者，而這些社群致力於促進所有學生的理解和成功學習。視導員會確保與他們一起合作的教師會得到支持，和有目標的回饋，以增強他們在各自專業實務上理解及實施逆向設計原則的能力，包括決定清晰遠大的期望結果、實施可行的評量和評鑑以監控這些結果，以及建立教學實施系統以使整體學業成就結果達到最大。

(九) 策略式計畫和持續改進

所有的學校和學區都能確保，全部學生都能精熟所確認的標準。學生、教師，以及組織績效表現的長期目標和短期目標都是嚴謹的、由共識所驅動的。教職員協同合作以理解這些結果，然後發展及實施有效的行動計畫，以確保這些結果的達成。形成性和總結性的評量或評鑑資料的產生及分析會即時進行，並且做出資料為本的決定，以利設計、實施，以及調整教育計畫和實務。學校、學區，或者相關學習型組織所採用的策略式計畫並非書面的練習，而是有結構的、經常改變的課程地圖，以利透過學習型組織來促進及維持學生的學業成就。策略式計畫和持續改進的過程都經過分化，以確保適應所有利害關係人的需要和長處。家長、社區成員，以及學生──就如所有教師，都清楚了解這個過程的目的，並且積極參與。

(十) 家長和社區的推廣

　　所有家長和社區成員都理解課程標準、評量和評鑑的過程，以及其所在學校和學區所建議的教學實施系統。他們不斷受到要以積極角色參與學校治理的鼓勵，包括參與能確保所有學生學業成就的問題解決及做決定歷程。家長和社區成員都支持重理解的教學之原則與策略，他們和學校及學區的官員積極合作，以確保有可用的時間、教材，以及人力資源，來支持致力於提升學生理解而非填鴨的學習，使學校或學區能促進全體學生達成學業成就。

(十一) 學區的和州政府的領導 ── 包括學校教育董事會

　　包括學區學校教育董事會成員及相關主管機關人員，以及全州的董事會和教育廳人員在內的學區領導人，都支持逆向設計法的原則。他們協同合作以確保有可用的所需資源，可供所有教職員提升所有學生的理解和學業成就。如同駐校人員和主管機關人員，學區的和州層級的領導人了解並積極支持由共識所驅動的課程，這類課程的目的在提升所有學生的理解和專注學習。他們也支持平衡的快照式評量或評鑑法，其不足之處則由仿效 WHERETO 原則和策略的教學實施系統來彌補。他們是活躍的學習型社群之一份子，這類社群會避免「照章辦事」的策略，也避免過度強調把測驗分數看做是判斷學校效能的最重要效標。

　　總言之，這些願景陳述代表了高階使用者的觀點和對未來的期望。雖然在表面上很理想化，但是這類陳述表達了共同的承諾，承諾有可能把學校教育從當前過時的教學模式和典範，真正轉換成學校和學區即真實學習型組織的概念。事實上，本研究的回答者一致同意，在期望提升但資源減少的這個時期，使用類似 UbD 的系統方法，能提供一套指引教育革新的語法及有控制力的原則。

　　我們的知性之旅以表 8-1 的組織評鑑表作爲結束，這套評量表的基礎是對未來教育的主要建議之摘要，其內容則來自於 UbD 高階使用者的觀點，你可以用其反思每一項推論及其對千禧年之教育的涵義。筆者鼓勵你和同僚教師協同合作，對學校或學區做組織上的檢視，以及澄清這二十項確認的因素中學校或學區的所屬情況。理想上，UbD 能幫助你確認沒有任何學童落後，而且所有學生都發展出深度的概念理解和對學習的終身承諾。

表 8-1	學校教育的願景：促進所有學生理解、建立終身學習社群（組織評鑑）

185

　　在多大程度上，你的學校或學區對未來教育的願景反映了下列指標？

指標	不明確	有點明確	明確	非常明確
1. 我們的願景和使命強調，承諾幫助所有學生達到對課程的深度理解。	☐	☐	☐	☐
2. 我們的學習型組織一向反映出目前我們對學習過程所知的最佳實務。	☐	☐	☐	☐
3. 我們提供闡述清晰的課程，其課程標準能促進所有學生的理解。	☐	☐	☐	☐
4. 我們以一貫的方式來設計課程，以確保其能明列對學生的理解有關鍵影響的大概念、持久的理解，以及主要問題。	☐	☐	☐	☐
5. 我們的課程強調所有學生應該知道、應該表現，以及應該理解的知能。	☐	☐	☐	☐
6. 我們建構書面的課程，以確保教師和學生有時間和資源對其做深入的探索。	☐	☐	☐	☐

186

表 8-1	學校教育的願景：促進所有學生理解、建立終身學習社群（組織評鑑）（續）

指標	不明確	有點明確	明確	非常明確
7. 我們的課程管理強化了書面的、測驗的、教學的、支持的，以及學習的課程之間的連結。	☐	☐	☐	☐
8. 我們的評量和評鑑過程強調多種形式，以利掌握學生的理解和實作表現之全部範圍。	☐	☐	☐	☐
9. 針對監控學生的理解和學業成就，所有教師都能有效應用多種評量和評鑑工具。	☐	☐	☐	☐
10. 我們的評量和評鑑過程強調，確認及因應與理解課程及其標準有關的學生長處和需要。	☐	☐	☐	☐
11. 教師運用因材施教來適應學生的長處和需要，並且透過評量和評鑑的過程來確認結果。	☐	☐	☐	☐
12. 我們的教學能確保所有學生理解學習的方向、朝向該方向的理由，以及會被評量的方式有哪些。	☐	☐	☐	☐
13. 在每一段教學活動的關鍵點上，教師透過體驗式活動和探究為本的學習機會，吸引學生的興趣和專注學習。	☐	☐	☐	☐
14. 教師透過有助於探索大概念和主要問題的學習經驗，使所有學生都為成功的學習做好準備。	☐	☐	☐	☐
15. 教師設計學習活動，以使所有學生為累積式專題的最後結果及相關實作任務，做好成功學習的準備。	☐	☐	☐	☐

187

表 8-1 學校教育的願景：促進所有學生理解、建立終身學習社群（組織評鑑）（續）

指標	不明確	有點明確	明確	非常明確	
16. 教學活動使所有學生具備從具體經驗邁向概念抽象化和抽象理解的能力。	☐	☐	☐	☐	*188*
17. 由於我們的組織對重視反省、重溫、修正，以及重新思考的價值做出承諾，結果所有學生都能夠自我覺知、自我評價。	☐	☐	☐	☐	
18. 透過最後的實作表現和作品，所有學生對課程標準的理解度和精熟度都益愈增進。	☐	☐	☐	☐	
19. 所有教學活動和專業發展活動都經過修正，以反映逆向設計的過程：決定期望的結果（階段一）、監控及評量期望結果的達成（階段二），以及設計學習活動以促進期望的結果（階段三）。	☐	☐	☐	☐	
20. 我們採用有組織的學習方法，以強化六個理解層面：說明、詮釋、應用、觀點、同理心、自我認識。	☐	☐	☐	☐	*189*

Deborah Jo Alberti，維吉尼亞州諾佛克市諾佛克公立學校的特殊暨資優教育科助理主任

Alyce Anderson，紐澤西州布里克市赫伯斯維爾小學校長

Scott Berger，紐澤西州普林斯頓叉口市葛洛弗初中的八年級社會科教師

Frank Champine，賓夕法尼亞州連宏市納夏米尼學區的（幼稚園到高中階段）社會科暨課程與教學部主任教師

Joseph Corriero，紐澤西州克倫福市的課程與教學助理學區學監

Patty Isabel Cortez，紐約市布郎克斯學區莫理斯高中的英文教師

Marnie Dratch，紐澤西州普林斯頓叉口市葛洛弗初中的六年級英語文教師

Kay Egan，維吉尼亞州諾佛克市諾佛克公立學校的特殊暨資優教育資深協調員

Judith Hilton，科羅拉多州綠林村市的 UbD 推動小組成員及大學教授 *192*

Elaine (Irish) Hodges，加利福尼亞州聖地牙哥市聖地牙哥郡教育局的特別專案及績效責任科主任

Michael Jackson，紐澤西州普林斯頓叉口市葛洛弗初中的八年級語文教師

Dorothy C. Katauskas，賓夕法尼亞州新希望市新希望——索伯利學區，幼稚園到高中階段教育的課程、教學、教師發展助理學監

Jill Levine，田納西州查塔努加市典型公園博物館磁性學校校長

David Malone，德克薩斯州密蘇里市的優質學習公司資深副總裁

Linda Marion，加州楚拉維斯塔市的教師人力資源發展師

Lynne Meara，紐澤西州新埃及縣布魯斯提特鎮學區的教學視導員
暨資優教育協調員

Ken O'Connor，加拿大安大略省史卡波洛夫市的 UbD 推動小組成員

Elizabeth Rossini，維吉尼亞州法費克斯市的 UbD 推動小組成員

Angela Ryan，賓夕法尼亞州荷賽市的教學指導員

Margaret Searle，俄亥俄州培瑞茲堡市的教育顧問

Elliott Seif，賓夕法尼亞州巴克斯郡的 UbD 推動小組成員及前
任課程發展師

Janie Smith，維吉尼亞州亞歷山卓市的 UbD 推動小組成員暨前任
課程發展師

Judy Solovey，田納西州查塔努加市典型公園博物館磁性學校的
課程指導員

Tony Spears，加利福尼亞州聖地牙哥市聖地牙哥郡教育局的課程
與專業發展科主任

Joan Spratley，維吉尼亞州諾佛克市諾佛克公立學校的特殊暨資
優教育科主任

Joyce Tatum，田納西州查塔努加市典型公園博物館磁性學校的
UbD 推動小組成員及博物館連絡員

Mark Wise，紐澤西州普林斯頓叉口市葛洛弗初中的社會科視導員

Carl Zon，加利福尼亞州太陽谷的課程標準及評量訓練師兼教育
顧問

Jan Zuehlke，德克薩斯州威利斯市的社會科課程協調員

紐約市公立學校系統的總監（Chancellor）學區
賓夕法尼亞州蓋茨堡市郊外的康瓦哥谷學區
南加利福尼亞州喬治鎮市喬治鎮公立學校學區
德克薩斯州拉瑞多市拉瑞多獨立學區
加利福尼亞州莫德斯托市莫德斯托學區
維吉尼亞州諾佛克市諾佛克公立學校學區
加利福尼亞州聖塔安那市橘郡統一學校學區
加利福尼亞州聖地牙哥市聖地牙哥郡統一學區

Blythe, T., & Associates. (1998). *The teaching for understanding guide*. San Francisco: Jossey-Bass.

Bransford, J. D., Brown, A. L., & Cocking, R. R. (Eds.). (1999). *How people learn: Brain, mind, experience, and school*. Washington, DC: National Academy Press.

Bruner, J. (1996). *The culture of education*. Cambridge, MA: Harvard University Press.

Cohen, F. (2003, May). Mining data to improve teaching: Data warehousing technology gives schools the power to make credible connections between student test scores and teacher effectiveness. *Educational Leadership, 60*(8), 53–56.

Darling-Hammond, L. (2003, May). Keeping good teachers: Why it matters, what leaders can do. *Educational Leadership, 60*(8), 6–13.

Elliott, J. (1991). *Action research for educational change*. Philadelphia: Open University Press.

Erickson, L. (1998). *Concept-based curriculum and instruction: Teaching beyond the facts*. Thousand Oaks, CA: Corwin Press.

Feiman-Nemser, S. (2003, May). What new teachers need to learn: Addressing the learning needs of new teachers can improve both the rate of teacher retention and the quality of the teaching profession. *Educational Leadership, 60*(8), 25–29.

Guskey, T. R. (2002, March). Does it make a difference? Evaluating professional development. *Educational Leadership, 59*(6), 45–51.

Hord, S. M., Rutherford, W. L., Huling-Austin, L., & Hall, G. E. (1987). *Taking care of change*. Alexandria, VA: Association for Supervision and Curriculum Development.

Jacobs, H. H. (1997). *Mapping the big picture: Integrating curriculum and assessment K–12*. Alexandria, VA: Association for Supervision and Curriculum Development.

Joyce, B., Wolf, J., & Calhoun, E. (1993). *The self-renewing school*. Alexandria, VA: Association for Supervision and Curriculum Development.

Kruse, S. D. (1999, Summer). Collaborate. *Journal of Staff Development, 20*(3), 14–16.

Levine, M. (2002, March). Why invest in professional development schools? *Educational Leadership, 59*(6), 65–67.

Lieberman, A., & Miller, L. (1999). *Teachers: Transforming their world and their work*. New York: Teachers College Press.

Marzano, R. J. (1992). *A different kind of classroom: Teaching with Dimensions of Learning*. Alexandria, VA: Association for Supervision and Curriculum Development.

Marzano, R. J. (1998). *A theory-based meta-analysis of research on instruction*. Aurora, CO: Mid-continent Research for Education and Learning. (ERIC Document Reproduction Service No. ED 427087)

Marzano, R. J. (2003). *What works in schools: Translating research into action*. Alexandria, VA: Association for Supervision and Curriculum Development.

Marzano, R. J., & Pickering, D. J. (2001). *Assessing student performance using Dimensions of Learning*. Alexandria, VA: Association for Supervision and Curriculum.

Marzano, R. J., Pickering, D. J., & McTighe, J. (1993). *Assessing student outcomes: Performance assessment using the Dimensions of Learning model*. Alexandria, VA: Association for Supervision and Curriculum Development.

Marzano, R. J., Pickering, D. J., & Pollock, J. E. (2001). *Classroom instruction that works: Research-based strategies for increasing student achievement*. Alexandria, VA: Association for Supervision and Curriculum Development.

McLean, J. E. (1995). *Improving education through action research: A guide for administrators and teachers*. Thousand Oaks, CA: Corwin Press.

McTighe, J. (1996, December–1997, January). What happens between assessments? *Educational Leadership, 54*(4), 6–12.

McTighe, J., & Wiggins, G. (1999). *The Understanding by Design handbook*. Alexandria, VA: Association for Supervision and Curriculum Development.

McTighe, J., & Wiggins, G. (2000). *"Understanding by Design" study guide*. Alexandria, VA: Association for Supervision and Curriculum Development.

McTighe, J., & Wiggins, G. (2004). *The Understanding by Design professional workbook*. Alexandria, VA: Association for Supervision and Curriculum Development.

Moir, E., & Bloom, G. (2003, May). Fostering leadership through mentoring: At the Santa Cruz New Teacher Center, a comprehensive induction program for novices has also reinvigorated veteran teachers and created a new generation of school leaders. *Educational Leadership, 60*(8), 25–29.

Murphy, C. U. (1999, Summer). Study groups. *Journal of Staff Development, 20*(3), 49–51.

Newmann, F. N., & Associates. (1997). *Authentic achievement: Restructuring schools for intellectual quality*. San Francisco: Jossey-Bass.

Newmann, F. N., Secada, W. G., & Wehlage, G. G. (1995). *A guide to authentic instruction and assessment: Vision, standards, and scoring.* Madison, WI: Wisconsin Center for Education Research.

Perkins, D. (1991, October). Educating for insight. *Educational Leadership, 49*(2), 4–8.

Perkins, D. (1992). *Smart schools: From training memories to educating minds.* New York: Free Press.

Robbins, P. (1999, Summer). Mentoring. *Journal of Staff Development, 20*(3), 40–42.

Sagor, R. (1992). *How to conduct collaborative action research.* Alexandria, VA: Association for Supervision and Curriculum Development.

Schmoker, M. (1996). *Results: The key to continuous school improvement.* Alexandria, VA: Association for Supervision and Curriculum Development.

Senge, P. M. (1990). *The fifth discipline: The art and practice of the learning organization.* New York: Doubleday/Currency.

Sheive, L. T., & Schoenheit, M. B. (Eds.). (1987). *Leadership: Examining the elusive—1987 Yearbook of the Association for Supervision and Curriculum Development.* Alexandria, VA: Association for Supervision and Curriculum Development.

Slavin, R. E. (1983). *Cooperative learning.* New York: Longmann.

Smith, W. F., & Andrews, R. L. (1989). *Instructional leadership: How principals make a difference.* Alexandria, VA: Association for Supervision and Curriculum Development.

Sparks, D. (1999, Summer). Interview with Susan Loucks-Horsley: Try on strategies to get a good fit. *Journal of Staff Development, 20*(3), 56–60.

Sparks, D., & Hirsh, S. (1997). *A new vision of staff development.* Alexandria, VA: Association for Supervision and Curriculum Development; and Oxford, OH: National Staff Development Council.

Teddlie, C., & Reynolds, D. (Eds.). (2000). *The international handbook of school effectiveness research.* New York: Falmer Press.

Tomlinson, C. A. (1999). *The differentiated classroom: Responding to the needs of all learners.* Alexandria, VA: Association for Supervision and Curriculum Development.

Wang, M. C., Haertel, G. D., & Walberg, H. J. (1993). Toward a knowledge base for school learning. *Review of Educational Research, 63*(3), 249–294.

Wiggins, G. (1998). *Educative assessment: Designing assessments to inform and improve performance.* San Francisco: Jossey-Bass.

Wiggins, G., & McTighe, J. (1998). *Understanding by design.* Alexandria, VA: Association for Supervision and Curriculum Development.

Willis, S. (2002, March). Creating a knowledge base for teaching: A conversation with James Stigler. *Educational Leadership, 59*(6), 611.

Wiske, M. S. (1997). *Teaching for understanding: Linking research with practice*. San Francisco: Jossey-Bass.

Wong, H. K. (2002, March). Induction: The best form of professional development. *Educational Leadership, 59*(6), 52–54.

Wood, F. H., & McQuarrie, F., Jr. (1999, Summer). On-the-job learning. *Journal of Staff Development, 20*(3), 10–13.

Index 索引

（條文後的頁碼係原文書頁碼，檢索時請查正文側邊的頁碼）
註：頁數後所接「f」，表示圖表。

國家圖書館出版品預行編目（CIP）資料

善用重理解的課程設計法／John L. Brown 原著；
　賴麗珍譯. - - 初版. - - 臺北市：心理，2008.09
　　面；　公分. - -（課程教學系列；41316）
參考書目：面
含索引
譯自：Making the most of understanding by design
ISBN 978-986-191-178-6（平裝）

1. 課程規劃設計　　2. 教學法　　3. 理解學習

521.74　　　　　　　　　　　　　　　　　　97013965

課程教學系列 41316

善用重理解的課程設計法

作　　者：John L. Brown
譯　　者：賴麗珍
執行編輯：高碧嶸
總 編 輯：林敬堯
發 行 人：洪有義
出 版 者：心理出版社股份有限公司
地　　址：231 新北市新店區光明街 288 號 7 樓
電　　話：(02) 29150566
傳　　真：(02) 29152928
郵撥帳號：19293172　心理出版社股份有限公司
網　　址：http://www.psy.com.tw
電子信箱：psychoco@ms15.hinet.net
駐美代表：Lisa Wu（lisawu99@optonline.net）
排 版 者：龍虎電腦排版股份有限公司
印 刷 者：龍虎電腦排版股份有限公司
初版一刷：2008 年 9 月
初版三刷：2018 年 7 月
I S B N：978-986-191-178-6
定　　價：新台幣 240 元